프로크리에이트로 감각 있는 디지털 손글씨 쓰기

은개미의 아이패드로 누구나 쉽게 시작하는 캘리그래피

Calligraphy

Design

은개미의

아이패드로 누구나 쉽게 시작하는 캘리그래피

프로크리에이트로 감각 있는 디지털 손글씨 쓰기

신은경 지음

BJ
BJPUBLIC

"캘리그래피, 아날로그 디지털을 만나다."

아날로그의 영역이라 여겨졌던 캘리그래피가 아이패드를 만났습니다. 많은 사람들에게 아이패드가 보급되고 많은 영역에 활용되면서 디지털 캘리그래피라는 영역이 생겨나게 된 것입니다.

아이패드에서 활용할 수 있는 프로크리에이트라는 앱은 여러 가지 편리한 기능들을 갖추어 표현할 수 있는 영역이 넓고, 디자인적으로도 활용도가 높아 누구나 이를 통해 쉽게 캘리그래피에 도전해 볼 수 있습니다.

이 책은 캘리그래피를 처음 접하는 분들도 쉽게 따라 할 수 있도록 구성되어 있어 부담없이 다가갈 수 있습니다. 프로크리에이트를 이용한 기본적인 디자인 활용부터 다양한 응용까지 이 책을 통해서 누구든 아이패드로 쉽고 재미있게 디지털 캘리그래피 작품을 완성할 수 있도록 구성했습니다.

아이패드로 인터넷 서핑이나 유튜브 보는 것 말고 뭘 더 할 수 있을지 고민된다면 이 책을 처음부터 차근차근 보면서 따라와주세요. 여러분도 아이패드와 함께 시간과 장소에 구애받지 않으면서 즐거운 나만의 취미 생활에 빠져 보시기를 바랍니다.

저자 소개

신은경(은개미)

캘리그래피 강사로 강남에서 실버루나 스튜디오를 운영하고 있습니다. 오프라인 및 유튜브를 통해 디지털 캘리그래피 강의를 꾸준히 진행하고 있으며, 다양한 캘리그래피 응용 소품도 직접 디자인 및 제작해서 판매하고 있습니다.

인스타그램 @lorena_eunkyoung
유튜브 '캘리그라피은개미'

베타 리더 리뷰

예전부터 저는 캘리그래피가 영화나 광고에서만 볼 수 있고 일상생활과는 떨어져 있는 다른 세상의 예술이라 생각해왔었습니다. 하지만 최근 개인 미디어의 발달로 일반인들이 높은 품질의 사진이나 영상물을 만드는 경우가 많아지고 있으며, 그에 따라 캘리그래피도 필수 불가결한 요소가 되어가고 있습니다.

이런 분위기에서 아이패드만으로 캘리그래피를 쉽게 표현할 수 있도록 도와주는 가이드북이 출간되었습니다. 여러분도 이 책을 보면서 따라 하다 보면 다양한 사진이나 동영상에 어울리는 캘리그래피를 완성할 수 있을 것입니다. 역시 가장 창의적인 모바일 기기는 아이패드라는 생각을 갖게 해주는 이 책을 추천합니다.

최희욱

목차

CHAPTER
01 프로크리에이트란?

CHAPTER
02 프로크리에이트 시작해 보기

CHAPTER
03 아이패드를 이용한 캘리그래피 연습

CHAPTER

04 작품에 활용해보기

4.1

4.2

4.3

4.4

4.9

4.10

4.11

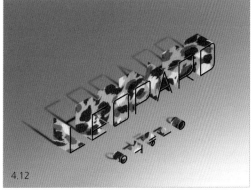

4.12

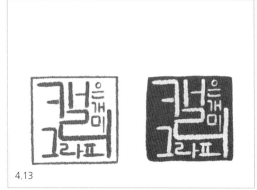

4.13

4.14

4.15

01
CHAPTER

프로크리에이트란?

01 프로크리에이트란?

1.1. 디지털 캘리그래피에 대해서

아날로그만의 영역이라고 생각했던 캘리그래피가 아이패드를 만나고 프로크리에이트를 이용하면서 디지털 캘리그래피라는 영역이 생기고 접근성이 쉬워지게 되면서 많은 사람이 디지털 캘리그래피를 접하게 되었습니다.

종이와 붓 또는 다른 여러 가지의 필기구가 없더라도 프로크리에이트만으로 캘리그래피 작품을 활용 / 응용할 수 있게 된 것입니다.

이 책에서는 프로크리에이트로 손쉽게 캘리스트[Callist]가 되는 작업 방법을 알려 주고 응용할 수 있는 방법을 알려 줍니다. 천천히 따라서 시작해 주길 바랍니다. 어려운 프로그램을 사용하지 않아도 더욱더 쉽고 재미있는 작업이 어느새 완성되어 있을 것입니다.

1.2. 아이패드 종류에 대해서

작업을 시작하기에 앞서 아이패드를 구매하려고 마음을 먹고 보니 많은 종류로 고민하는 분들이 많을 것으로 예상됩니다. 아이패드의 기본 종류로는 iPad, iPad mini, iPad Air, iPad Pro. 이렇게 네 가지가 있습니다. 이러한 시각적인 작업을 하려면 무조건 iPad Pro를 사야 하는 것은 아닙니다. 예전에는 iPad Pro 모델에만 애플 펜슬이 호환되어 그러한 인식이 심어졌지만 iPad(6세대 이상), iPad mini(5세대 이상), iPad Air(3세대 이상)부터 1세대의 애플 펜슬이 호환되면서 선택의 폭이 넓어지고 더 많은 사람이 접할 수 있는 기회가 생기게 되었습니다. (iPad Pro는 3세대부터 애플펜슬 2세대를 지원하며 타 기종과 호환되지 않습니다.) 디지털 캘리그래피를 해 보고 싶었지만 iPad Pro를 구매하기에 가격 때문에 부담스러웠던 분들의 접근이 쉬워졌습니다. 그렇기 때문에 전문가 사양이 아니더라도 충분히 디지털 캘리그래피 작업을 할 수 있습니다.

아이패드는 같은 모델 내에서도 선택해야 하는 선택지가 네 가지나 있습니다. 이러한 선택지는 자신의 취향과 필요한 사양을 꼼꼼히 살펴보고 선택하길 바랍니다.

- 컬러: 실버 / 스페이스 그레이 / 골드(iPad pro 모델은 골드 색상이 없음)
- 통신 방식: Wifi / Cellular
- 화면 크기: 7.9인치(iPad mini), 10.2인치(iPad), 10.5인치(iPad Air), 11인치 / 12.9인치(iPad Pro)
- 저장 공간: 32GB, 64GB, 128GB, 256GB, 512GB, 1TB

각 모델에 따라 허용하는 용량이 다르므로 용량은 사용자의 용도에 따라 꼼꼼히 따져서 구매하기를 권장합니다. 또한 아이패드는 메모리 확장이 안 되므로 처음 구매 시 유의해야 합니다.

프로크리에이트 시작해 보기

02   프로크리에이트 시작해 보기

이 책에서 사용될 프로크리에이트는 아이패드용 드로잉 앱으로 출시되었지만 많은 캘리그래퍼가 사용하면서 디지털 캘리그래피의 상용에 큰 역할을 하였습니다.

프로그램의 인터페이스가 직관적이어서 전문가는 물론 초보자가 사용하기에도 좋은 앱입니다.

프로크리에이트는 유료 앱으로서 최초 설치 시에 비용이 발생하지만 한 번 결제로 평생 사용할 수 있고 앞으로 진행될 업데이트들에 대해서도 계속 지원되므로 이용 조건은 좋은 앱입니다.

2.1. 홈 화면(갤러리) 둘러보기

홈 화면

처음 프로크리에이트를 실행시키면 나오는 화면입니다. 왼쪽 상단에 프로크리에이트라고 쓰여 있습니다. 홈 화면이 특별히 없는 프로크리에이트는 홈 화면 및 갤러리가 동일하다고 보면 됩니다. 작업을 하다가 갤러리로 넘어와도 위 화면과 같은 동일한 화면을 볼 수 있습니다.

- 선택: 선택을 누르면 각 파일을 선택할 수 있는 체크 박스가 활성화됩니다. 오른쪽 상단에는 스택 / 미리보기 / 공유 / 삭제 아이콘들이 활성화됩니다. 스택은 각 작업물을 그룹화할 수 있습니다. 스택은 선택 버튼을 누르지 않아도 문서를 끌어당겨 그룹 짓고 싶은 작업물 위에 놓아주기만 하면 스택이 자동으로 생성됩니다. 그룹 해제는 스택 안에서 해제하고 싶은 파일을 선택한 후 왼쪽 상단 스택으로 가서 잠시 기다리면 그룹 해지가 가능합니다.
- 가져오기: 아이패드 및 각종 드라이브에 있는 문서와 파일을 불러올 수 있습니다.
- 사진: 아이패드 사진 스트림에 있는 사진들을 불러와 작업할 수 있습니다. 이때 불러오는 사진의 사이즈가 너무 작지 않은 사진일수록 높은 퀄리티의 작업을 할 수 있습니다.

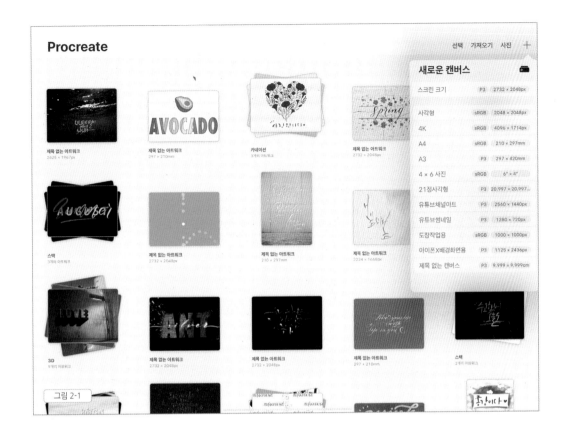

그림 2-1

새로운 캔버스

오른쪽 상단 + 버튼을 누르면 새로운 캔버스를 생성할 수 있습니다. 기본 템플릿들만으로도 다양한 사이즈의 캔버스를 불러와서 작업할 수 있으며 기본 템플릿에 없는 캔버스는 직접 만들어서 사용할 수 있습니다. (기본 템플릿: 스크린 크기 / 클립보드 / 사각형 / 고해상도 4K / A4 용지 / 4×6 사진 - 이 외의 사이즈는 필자가 직접 만들어 놓은 템플릿들입니다.)

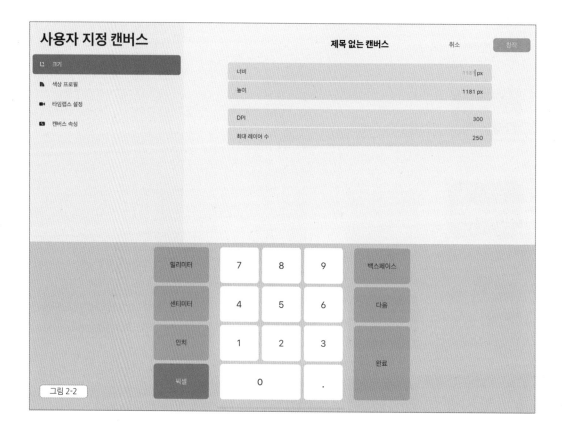

그림 2-2

사용자 지정 캔버스

새로운 캔버스 아이콘을 누르면 사용자 지정 캔버스가 나오고 사용자가 원하는 캔버스를 편집하거나 새로 만들 수 있습니다.

제목 없는 캔버스

이름을 바꿀 수 있습니다.

크기

새로운 캔버스의 너비, 높이, DPI를 조절할 수 있습니다. 아래 나오는 키패드에 여러 가지 측정 단위로 설정할 수 있습니다.

1. DPI는 웹용으로 사용할 경우 72, 인쇄용으로 사용할 경우 300으로 맞춰 줍니다.

2. 최대 레이어 수는 캔버스 크기에 따라 유동적이며 캔버스 크기가 클수록 적은 양의 레이어를 생성할 수 있고, 캔버스 크기가 작을수록 많은 양의 레이어를 생성할 수 있습니다.

색상 프로필

사용자는 용도에 따라 색상을 지정할 수 있습니다. RGB는 웹용 작업에 효과적이며, CMYK는 인쇄용 작업에 효과적입니다. 여러 가지의 색상 프로파일이 기본 옵션으로 제공되고 대부분의 작업은 RGB-Display P3 / CMYK-Generic CMYK Profile로 선택해서 작업하면 됩니다.

타임 랩스

작품을 진행하는 과정을 자동으로 녹화하는 기능으로 작업이 끝난 후에 빠른 속도의 타임 랩스로 재생할 수 있습니다.

캔버스 속성

기본이 되는 배경 색상을 미리 설정할 수 있습니다. 또한 배경색을 숨기는 설정도 가능합니다. 이것은 처음에 캔버스를 열었을 때의 설정이기 때문에 작업 중간에 얼마든지 레이어에서 배경 색상을 바꾸거나 배경색을 숨김 / 나타남의 설정을 변경할 수 있습니다.

2.2. 프로크리에이트 기본 인터페이스 둘러보기

작품을 시작하기에 앞서 프로크리에이트의 기본 인터페이스를 둘러보겠습니다.

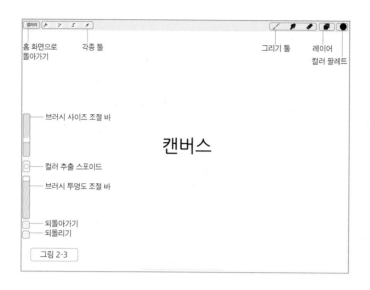

홈 화면으로 돌아가기　　각종 툴　　　　　　　　　　　　　　　그리기 툴　레이어

컬러 팔레트

브러시 사이즈 조절 바

캔버스

컬러 추출 스포이드

브러시 투명도 조절 바

되돌아가기
되돌리기

그림 2-3

새로운 캔버스를 생성하면 위와 같은 화면이 뜹니다. 왼쪽 상단 [갤러리] 버튼을 누르면 홈 화면으로 돌아갑니다.

2.2.1. 동작 → 추가

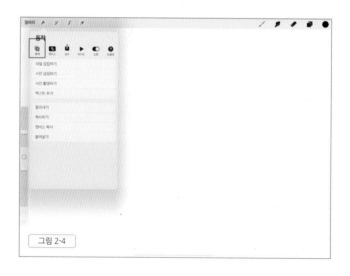

그림 2-4

캔버스에 다양한 파일을 삽입할 수 있습니다. 이 책에서는 주로 사진 삽입하기 / 텍스트 추가 위주로 사용해 작업할 예정입니다.

2.2.2. 동작 → 캔버스

그림 2-5

캔버스와 관련한 다양한 설정을 할 수 있습니다.

- 잘라내기 및 크기 변경: 작업 중에도 언제든지 캔버스의 크기를 변경할 수 있습니다.
- 애니메이션 어시스트: 이 버튼을 활성화하면 GIF 파일이나 동영상 파일을 만들 수 있습니다.
- 그리기 가이드: 작업할 때 여러 가지 도움이 되는 가이드라인들을 사용할 수 있습니다.

2.2.3. 동작 → 공유

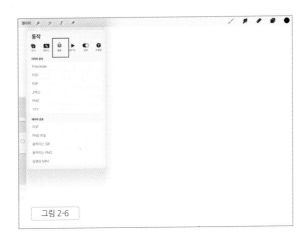

그림 2-6

모든 작업을 끝낸 후에 사용자가 필요한 포맷으로 아이패드에 저장할 수 있습니다. 기기로 저장할 뿐만 아니라 여러 종류의 클라우드로 업로드도 가능합니다.

이미지 공유는 다양한 포맷의 이미지 파일들로 저장할 수 있고 레이어 공유는 움직이는 이미지 혹은 동영상 파일을 저장할 수 있습니다.

2.2.4. 동작 → 비디오

그림 2-7

타임 랩스 녹화를 켜 두면 작업하는 전 과정이 모두 녹화됩니다. '타임 랩스 다시 보기'를 누르면 작업 과정이 재생됩니다. '타입 랩스 비디오 내보내기'는 녹화된 영상 전체 혹은 시작부터 30초까지를 기기에 저장할 수 있습니다. 타입 랩스 과정이 필요 없는 경우 '타입 랩스 녹화' 버튼을 비활성화해 주면 됩니다.

2.2.5. 동작 → 설정

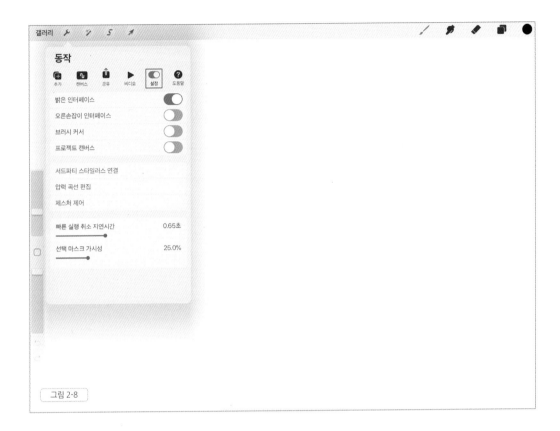

그림 2-8

사용자에게 맞게 여러 옵션을 다양하게 설정할 수 있습니다.

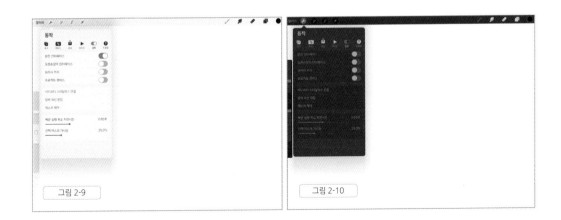

그림 2-9

그림 2-10

프로크리에이트의 인터페이스를 화이트 / 블랙 중에서 선택할 수 있습니다. 프로크리에이트를 처음 설치할 경우 다크 모드(그림 2-10)의 인터페이스가 설정되어 있으며 이 책에서는 밝은 인터페이스(그림 2-9)를 설정해서 사용하고 있습니다.

2.2.6. 제스처 제어

제스처 제어는 기본 설정 이외에도 사용자가 외우기 쉽고 사용하기 편하게 설정해 주면 됩니다. 만약 같은 제스처로 설정될 경우 기존에 사용하고 있는 곳에 작게 경고등이 켜집니다. 기본적으로 알고 있으면 작업하기 편한 제스처 몇 가지를 알려드리겠습니다.

● 한 손가락으로 한 번 탭한 상태로 유지: 퀵 메뉴 로드

● 두 손가락 탭: 이전 작업으로 돌아가기

● 두 손가락 왼쪽에서 오른쪽으로 밀기(레이어에서): 알파 채널 잠금

● 두 손가락으로 벌리고 줄이고 돌리기: 캔버스 확대 / 캔버스 축소, 레이어 합치기 / 캔버스 회전

● 세 손가락 탭: 작업 되돌리기

● 세 손가락 좌우로 흔들기: 활성 중인 레이어 초기화

 ● 세 손가락 아래로 쓸어내리기: 복사, 잘라내기, 붙여넣기 등의 메뉴 활성

 ● 네 손가락 탭: 풀 스크린 설정 / 해제

이 정도의 기본적인 제스처만 알고 있다면 작업의 편리성이 커지게 될 것입니다.

2.2.7. 선택 및 복사, 붙여넣기 아이콘

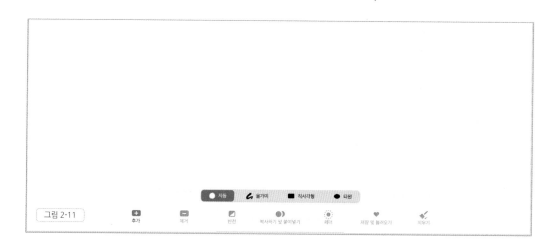

그림 2-11

이 책에서는 주로 이동하기 툴을 많이 사용하게 되며 그림 작업 시 직접 해 보도록 합니다.

2.2.8. 형태 변형 툴

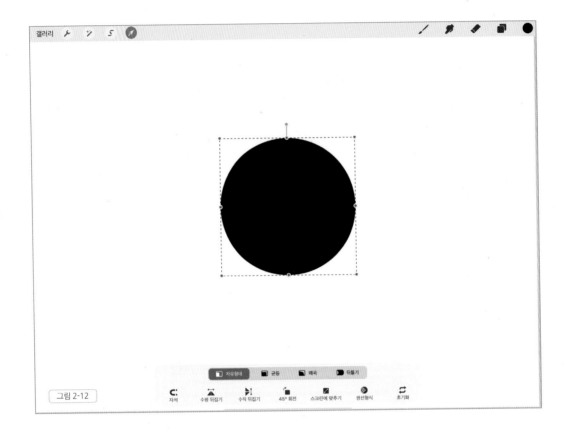

그림 2-12

반드시 이미지가 있어야만 사용이 가능합니다. 레이어에 하나의 이미지만 있다면 바로 선택해서 변형이 가능하지만 여러 이미지 중 일부만 변형하고 싶다면 앞에 선택하기 툴에서 올가미를 이용해 옮기고 싶은 일부분만 설정한 후에 선택 툴을 다시 선택해서 변형 및 이동을 진행할 수 있습니다.

03
CHAPTER
아이패드를 이용한
캘리그래피 연습

3.1. 글자 연습

다양한 형태의 자음과 모음을 연습해 봅니다. (브러시 → 잉크 → 스튜디오 브러시 사용)

ㄱ ㄱ ㄱ ㄱ ㄱ ㄴ ㄴ ㄴ ㄴ ㄴ

ㄷ ㄷ ㄷ ㄷ ㄷ ㄹ ㄹ ㄹ ㄹ ㄹ

ㅁㅁㅁㅁㅁㅂㅂㅂㅂ

ㅅㅅㅅㅅㅅㅇㅇㅇㅇㅇ

ス ス ᄀ ス ㅈ ㅊ ㅊ ㅊ ㅊ ㅊ

ㅋ ㅋ ㅋ ㅋ ㅋ ㅌ ㅌ ㅌ ㅌ ㄹ

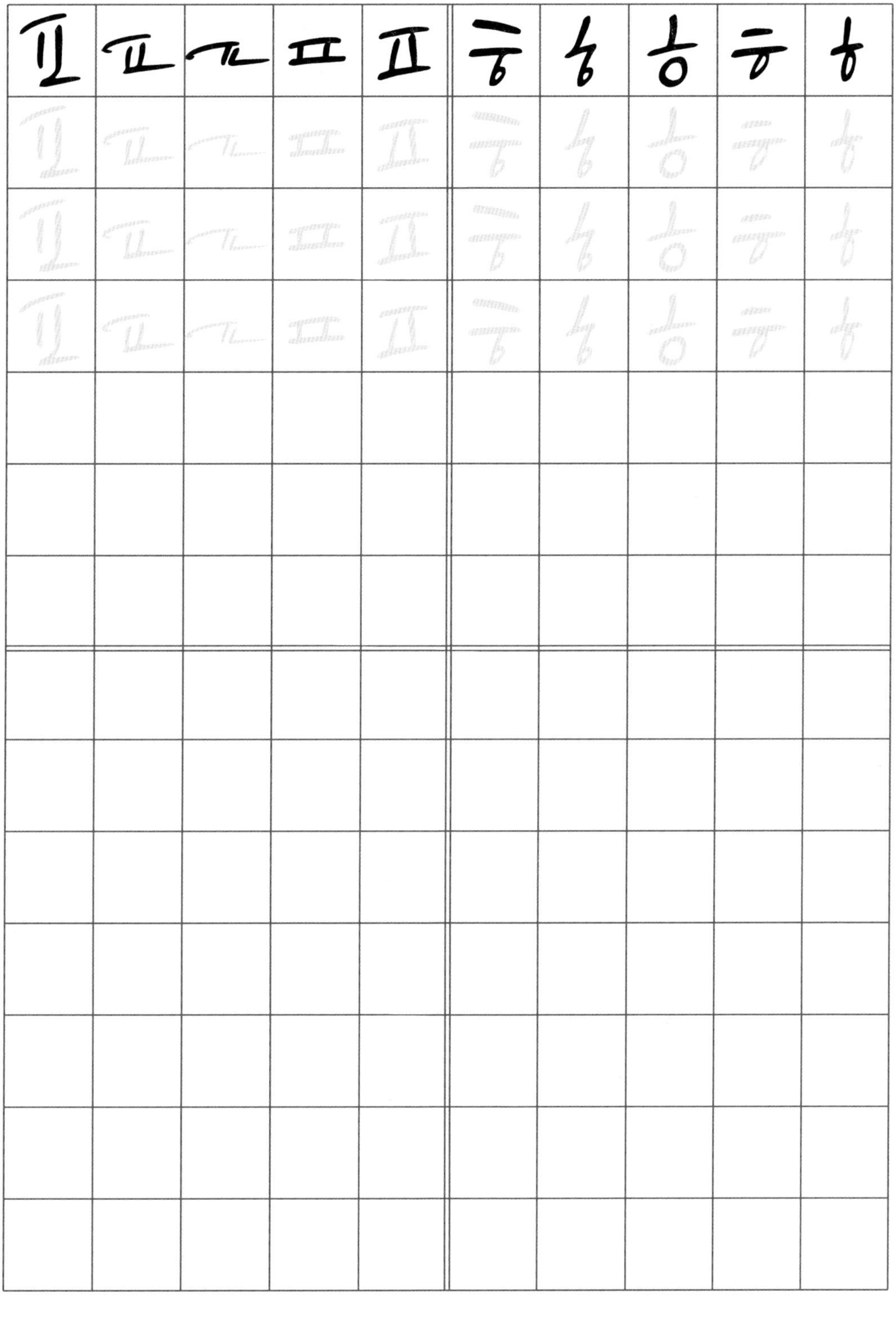
ㅍ ㅍ ㅍ ㅍ ㅍ ㅎ ㅎ ㅎ ㅎ ㅎ

ㅏ ㅏ ㅏ ㅏ ㅏ ㅑ ㅑ ㅑ ㅑ ㅑ

ㅓ ㅓ ㅓ ㅓ ㅓ ㅕ ㅕ ㅋ ㅋ ㅋ

ㅗ	ㅗ	ㅗ	ㅗ	ㅗ	ㅛ	ㅛ	ㅛ	ㅛ	ㅛ
ㅗ	ㅗ	ㅗ	ㅗ	ㅗ	ㅛ	ㅛ	ㅛ	ㅛ	ㅛ
ㅗ	ㅗ	ㅗ	ㅗ	ㅗ	ㅛ	ㅛ	ㅛ	ㅛ	ㅛ
ㅗ	ㅗ	ㅗ	ㅗ	ㅗ	ㅛ	ㅛ	ㅛ	ㅛ	ㅛ
ㅜ	ㅜ	ㅜ	ㅜ	ㅜ	ㅠ	ㅠ	ㅠ	ㅠ	ㅠ
ㅜ	ㅜ	ㅜ	ㅜ	ㅜ	ㅠ	ㅠ	ㅠ	ㅠ	ㅠ
ㅜ	ㅜ	ㅜ	ㅜ	ㅜ	ㅠ	ㅠ	ㅠ	ㅠ	ㅠ
ㅜ	ㅜ	ㅜ	ㅜ	ㅜ	ㅠ	ㅠ	ㅠ	ㅠ	ㅠ

은개미의 아이패드로 누구나 쉽게 시작하는 캘리그래피

3.2. 단어 연습

글자들의 조합을 통해서 다양한 단어를 연습합니다. 각 글자 사이가 너무 멀어지지 않도록 주의해서 써 보도록 합니다.

꿈	달	꽃	봄
꿈	달	꽃	봄
꿈	달	꽃	봄
꿈	달	꽃	봄
꿈	달	꽃	봄

사랑	감사	행복	가을
사랑	감사	행복	가을
사랑	감사	행복	가을
사랑	감사	행복	가을
사랑	감사	행복	가을

여유	여행	결혼	우리
여유	여행	결혼	우리
여유	여행	결혼	우리
여유	여행	결혼	우리
여유	여행	결혼	우리

봄바람	금요일	축하해	나의하루
봄바람	금요일	축하해	나의하루
봄바람	금요일	축하해	나의하루
봄바람	금요일	축하해	나의하루
봄바람	금요일	축하해	나의하루

3.3. 문장 연습

앞서 연습했던 글자 / 단어의 조합들을 이용해 문장 연습을 합니다. 문장은 단어의 조합들이 하나의 덩어리를 이룬다고 생각하고 연습합니다.

근사한하루	근사한하루
근사한하루	근사한하루

꽃길만걸을까요_ ?

꽃길만걸을까요_ ?

꽃길만걸을까요_ ?

꽃길만걸을까요_ ?

오늘뭐했어?　오늘뭐했어?

오늘뭐했어?　오늘뭐했어?

당신은
빛나는
사람입니다

언제나
우리는
청춘

언제나
우리는
청춘

언제나
우리는
청춘

언제나
우리는
청춘

설레임의 시작

설레임의 시작

설레임의 시작

설레임의 시작

오늘하루도
무지
기특해나

노을빛에
떠오르는 1때
∴ 그때

꼭 함께 하루의 끝이
행복했으면
좋겠다

04
CHAPTER

작품에 활용해보기

4.1. 그림자 효과를 이용한 사진 위에 글씨 쓰기

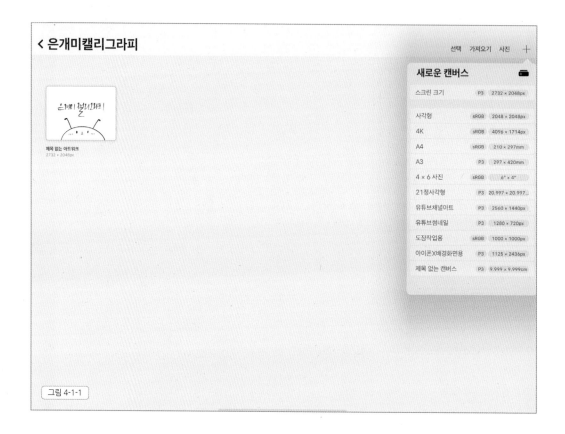

그림 4-1-1

홈 화면에서 + 버튼을 눌러서 새로운 캔버스를 열어 줍니다. 필자는 스크린 크기로 작업하였으니 참고 바랍니다.

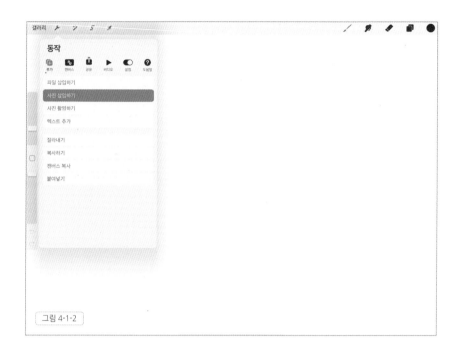

그림 4-1-2

갤러리 옆에 공구처럼 생긴 버튼을 누르면 동작이 나옵니다. 동작 메뉴 중 추가를 선택해 줍니다.

아래 메뉴 중에 사진 삽입하기를 선택하여 사진에서 원하는 사진을 불러와 줍니다.

그림 4-1-3

그림 4-1-4 스크린 크기

그림 4-1-5 꼭짓점 이동

사진을 불러오면 이렇게 이동 및 변형 툴이 자동으로 실행됩니다. 필자가 불러온 사진은 캔버스 사이즈와 동일해서 그대로 진행해도 무방하나 혹시 사진을 불러왔는데 사이즈가 달라서 여백이 많은 경우도 있습니다. 그럴 경우에는 위와 같이 스크린에 맞추기를 진행해 주거나 사진의 꼭짓점 을 잡아서 움직이는 방법이 있습니다.

그림 4-1-6

사진 위에 글씨를 쓰기 위해 레이어 버튼을 누르고 새로운 레이어 생성(레이어 오른쪽 +) 버튼을 눌러 줍니다. 꼭 해 주어야 하는 과정입니다. 새로운 레이어를 생성하지 않는다면 다음 단계로 나가는 것이 불가능합니다.

그림 4-1-7

배경 사진 레이어(레이어 1) 위에 새로운 레이어(레이어 2)가 생겼습니다. 레이어 2를 활성화(파란색 표시)한 상태에서 글씨를 쓰기 위해 브러시를 선택해야 합니다.

그림 4-1-8

브러시 버튼을 누르고 서예 카테고리에서 **스크립트 브러시**를 선택합니다.

그림 4-1-9

그림 4-1-10 위치 이동

그림 4-1-11 크기 변경

글씨를 가운데에 써 줍니다. 책의 문구와 똑같이 따라 써도 좋고 앞에서 배운 글자 연습을 토대로 새로운 텍스트를 써도 무방합니다. 자신이 쓴 글씨의 위치나 크기를 변경하고 싶을 땐 왼쪽 상단 화살표 버튼을 둘러서 이동 및 변형을 진행할 수 있습니다. 크기 변경 시에 꼭짓점을 잡아서 늘려 주거나 두 개의 손가락으로 벌리거나 모아 주면 크기가 변경됩니다.

그림 4-1-12

완성된 글씨 레이어 목록을 오른쪽에서 왼쪽으로 드래그합니다. 그때 나오는 세 개의 버튼 중에 복제 버튼을 눌러 줍니다. 그렇게 생성된 동일한 레이어 두 개 중에 아래 레이어는 그림자가 될 예정입니다.

그림 4-1-13

복제 버튼을 누르면 이렇게 동일한 글씨 레이어가 생깁니다. 기본적인 설정은 레이어 생성 시 레이어 뒤에 순차적으로 숫자가 부여됩니다. 현재 챕터에서는 구분하기 쉽도록 이름을 변경했습니다. 따라 할 때 자신의 레이어 이름이 다르다고 해서 틀린 것이 아닙니다.

이 두 개의 레이어 중 아래의 레이어를 선택해서 알파 채널 잠금을 선택해 줍니다. 해당 레이어를 손가락 두 개로 왼쪽에서 오른쪽으로 밀어주면 알파 채널 잠금이 활성화됩니다.

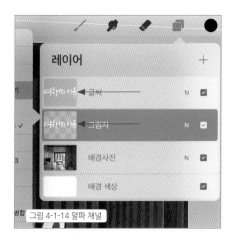
그림 4-1-14 알파 채널

알파 채널 잠금 활성화 시에 레이어 섬네일의 배경이 바둑판 무늬로 바뀌는 것을 볼 수 있습니다. 위의 글씨 레이어는 알파 채널이 해제된 상태이므로 레이어 섬네일 배경에 아무것도 보이지 않습니다.

알파 채널 잠금이란 현재 작업된 영역 이외에 다른 영역을 잠가 놓는 기능입니다. '여행의 이유'라는 글자 변형 이외에 나머지 여백에 추가 작업을 하지 못함을 의미합니다.

그림 4-1-15

그림자 레이어를 활성화(레이어 상의 파란색)한 상태에서 오른쪽 상단 컬러 칩 버튼을 눌러서 검은색으로 색을 변경해 줍니다. 이때 그림자 컬러는 반드시 검은색이 아니더라도 배경의 컬러보다 어두운 컬러를 선택해 주는 것이 그림자처럼 보이는 데 효과적인 작업이 될 것입니다.

그림 4-1-16

그림 4-1-17

컬러 변경 후에 아래 레이어를 한 번 터치한 후에 메뉴 중에서 레이어 채우기를 선택해서 컬러를 블랙으로 바꿔 줍니다. 작업 화면에서는 컬러가 변경된 것이 보이지는 않지만 레이어 섬네일에서 색이 변한 것을 볼 수 있습니다.

그림 4-1-18

그림자 레이어의 알파 채널을 해제해 줍니다. 손가락 두 개로 왼쪽에서 오른쪽으로 밀어주면 해제가 가능합니다. 선택해서 나오는 메뉴 바에서 알파 채널 잠금 항목을 클릭해도 됩니다. 알파 채널 잠금을 해제하면 레이어 섬네일에도 바둑판 모양이 없어집니다.

그림 4-1-19

그림 4-1-20

계속해서 그림자 레이어가 활성화(레이어 상에 파란색)되어 있는 상태에서 이동 툴을 선택하고 블랙 부분이 1mm 정도 보이도록 오른쪽 아래 대각선 방향으로 내려서 이동해 줍니다. 그러면 검은색 부분이 조금 보이게 됩니다.

그림 4-1-21

왼쪽 상단에 마법봉처럼 생긴 버튼을 눌러 줍니다. 조정에 대한 메뉴 바가 나타납니다. 그중에 가우시안 흐림 효과를 눌러 줍니다.

그림 4-1-22

가우시안 흐림 효과를 누르면 위와 같은 화면이 생성됩니다.

그림 4-1-23

화면 어느 부분이든 상관없습니다. 왼쪽에서 오른쪽으로 슬라이드해 줍니다. 7~8% 정도로 작업해 주면 됩니다. 일반적으로는 캔버스 사이즈나 배경 사진에 따라서 조정해 주면 됩니다.

그림 4-1-24 가우시안 흐림(유)

그림 4-1-25 가우시안 흐림(무)

가우시안 흐림 효과까지 끝내고 나면 모든 과정이 끝났습니다. 좌우에 가우시안 흐림 효과가 있고 없고의 차이가 보일 것입니다. 다양한 사진과 글씨로 그림자 효과를 복습해 보도록 합니다.

그림 4-1-26 완성

다양한 사진은 직접 찍은 사진을 활용하는 것을 추천합니다. 추억과 함께 예쁜 작품도 남길 수 있습니다. 그러나 자신이 찍은 사진이 아닌 이미지를 사용하고 싶을 경우 무료 고화질 이미지를 받을 수 있는 사이트들이 여러 가지 있습니다. 아이패드를 활용한 작업이기에 앱으로 소개합니다.

그림 4-1-27 앱

그림 4-1-28 unsplash

그림 4-1-29 pixabay

그림 4-1-30 pexels

Unsplash와 pexels는 영어로만 검색할 수 있고, pixabay는 한글로도 검색이 가능합니다.

4.2. 레이어를 활용해 배경이 보이는 글씨 쓰기(기초)

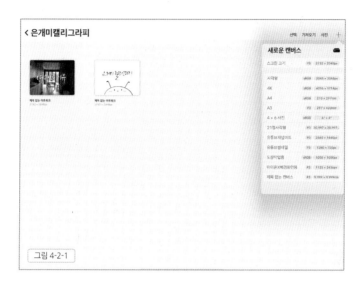

그림 4-2-1

갤러리에서 새로운 캔버스를 열어 줍니다. 스크린 크기로 선택해 줍니다.

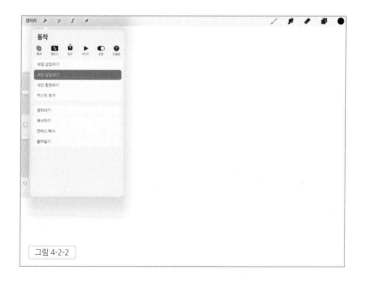

그림 4-2-2

공구처럼 생긴 동작 버튼을 누른 후에 사진 삽입하기를 눌러 줍니다. 뒤에 보였으면 하는 사진을 불러 줍니다.

그림 4-2-3

사진 삽입 후 오른쪽 상단 레이어 버튼을 눌러 줍니다. 레이어 글씨 옆 + 버튼을 눌러서 새로운 레이어를 생성해 줍니다.

그림 4-2-4

삽입한 이미지 위로 새로운 레이어가 생성됩니다.

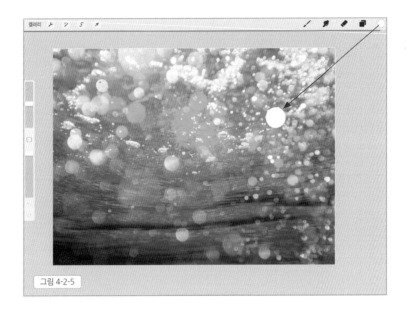

그림 4-2-5

빈 레이어를 흰색으로 캔버스에 가득 채워 줍니다. 오른쪽 상단 흰색 칩을 끌어다가 캔버스에 올려놓으면 손쉽게 전체 캔버스를 채울 수 있습니다.

그림 4-2-6

지워진 것처럼 보이지만 이 뒤에 아까 불러온 사진이 있으므로 걱정하지 않아도 됩니다.

그림 4-2-7

그림 4-2-8

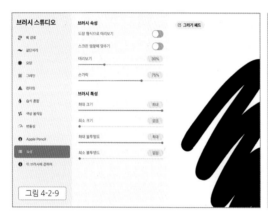

그림 4-2-9

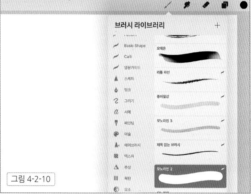

그림 4-2-10

글씨를 쓰기 전에 브러시를 수정해서 사용해 보겠습니다. 기본 브러시를 조금만 수정하는 것이니 차근차근 따라 하면 됩니다.

- 그림 4-2-7: 기본 서예에서 모노라인 브러시를 선택해 줍니다.
- 그림 4-2-8: 모노라인 브러시를 오른쪽에서 왼쪽으로 드래그해서 복제 버튼을 눌러 줍니다.
- 그림 4-2-9: 복제된 모노라인 브러시를 한 번 눌러 줍니다. 브러시 스튜디오가 나옵니다. 속성을 눌러서 위의 설정과 동일하게 세팅해 줍니다.
- 그림 4-2-10: 조금 두꺼운 모노라인 브러시가 생성됩니다.

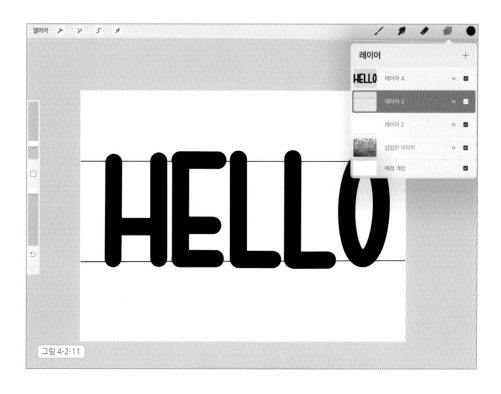

그림 4-2-11

레이어 옆 + 버튼을 눌러서 새로운 레이어를 두 개 생성해 줍니다. 흰색 레이어 위 새로운 레이어에 위아래 높이를 지정하는 가이드라인을 그려 줍니다. 그 위의 레이어에 아까 만든 모노라인 두꺼운 브러시를 사용해 글씨를 직선에 맞춰서 또박또박하게 써 줍니다.

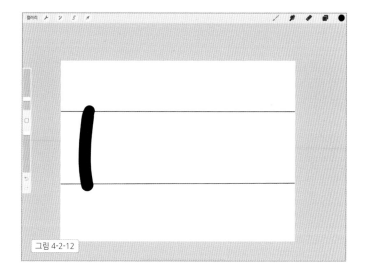

그림 4-2-12

한 번에 직선을 긋기 어려울 땐 선을 그은 후 애플 펜슬을 떼지 않고 캔버스에 고정하고 있으면 매끄러운 직선이 그려집니다. 캔버스에 애플 펜슬을 고정한 상태로 반대 손을 이용해서 화면에 터치해 주면 직선을 더 수월하게 그릴 수 있습니다.

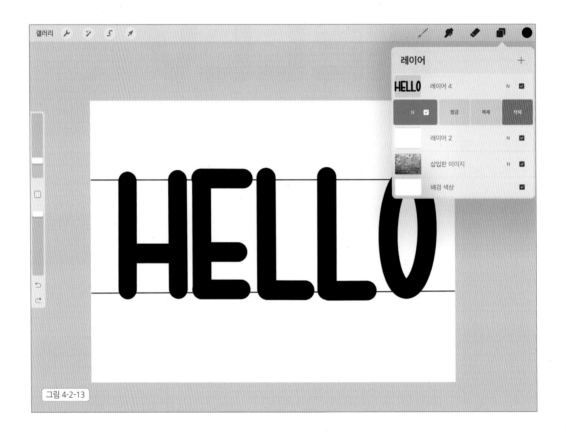

그림 4-2-13

글씨 완성 후에 가이드라인의 레이어를 삭제해 줍니다. 다음에 능숙해지면 굳이 지우지 않고 체크 박스 표시만 해제해도 무관합니다.

그림 4-2-14

글씨가 쓰여 있는 레이어를 터치해서 나온 메뉴 바 중에 선택을 눌러 줍니다.

그림 4-2-15

흰색 레이어(배경 레이어는 아님)를 터치해서 나온 메뉴 바 중에 지우기를 눌러 줍니다.

그림 4-2-16

위의 과정까지 끝내고 나면 전체 흰색이었던 레이어에 회색으로 글씨가 새겨진 이미지로 변경됩니다. 실제로는 회색 글씨가 아닌 지워져서 뚫린 상태라고 생각해 주면 됩니다.

그림 4-2-17

검은색으로 써 주었던 글씨 레이어의 체크 박스를 해제해 줍니다. 글씨 뒤로 아까 불러오기를 했던 사진이 보인다면 올바르게 진행한 것입니다.

그림 4-2-18

검은색으로 써 주었던 글씨 레이어를 삭제해 줍니다. 글씨 레이어를 왼쪽에서 오른쪽으로 드래그
해 주면 삭제 버튼이 나옵니다.

그림 4-2-19

글씨가 지워진 흰색 레이어를 복제해 줍니다. 글씨 레이어를 왼쪽에서 오른쪽으로 드래그해 주면
복제 버튼이 나옵니다.

그림 4-2-20

동일한 두 개 레이어 중 아래 레이어를 선택해서 알파 채널을 잠금해 줍니다. 선택 바에서 선택하는 방법이 있고 손가락 두 개로 왼쪽에서 오른쪽으로 레이어를 드래그해 주어도 가능합니다.

그림 4-2-21

컬러 칩이 검은색인지 확인한 후에 아래 레이어를 터치해 레이어 채우기를 눌러 줍니다.

그림 4-2-22

검은색으로 레이어 채우기를 진행해도 레이어들 순서로 인해서 캔버스 자체에서는 변화하는 것을
느끼지 못할 것입니다. 그러나 레이어 섬네일을 보면 검은색으로 변한 것을 확인할 수 있습니다.

그림 4-2-23

검은색으로 칠한 레이어의 알파 채널 잠금을 꼭 해제해 줍니다.

그림 4-2-24

검은색 레이어에 '가우시안 흐림'을 주어서 흰 레이어 아래 살짝 그림자가 생기는 것처럼 해 줍니다.

그림 4-2-25

'가우시안 흐림'을 눌렀으면 화면 어떤 곳이든 상관없습니다. 왼쪽에서 오른쪽으로 드래그해서 몇 퍼센트 정도 설정할 것인지를 설정해 줍니다. 필자는 15% 정도의 값을 설정했더니 글씨 가장자리가 살짝 어두워졌습니다.

그림 4-2-26

HELLO 아래에 작은 사이즈의 VACATION을 적어 줍니다. 필자와 똑같이 써도 되고 자신의 글씨체를 사용해도 무방합니다. 글씨 간의 간격만 동일하도록 맞춰 줍니다. 작품에 활용되는 텍스트도 얼마든지 다른 텍스트로 대체할 수 있습니다.

그림 4-2-27

VACATION 옆에 직선으로 장식선까지 넣어 주고 나면 완성입니다.

그림 4-2-28 완성

4.3. 레이어를 활용해 배경이 보이는 글씨 쓰기(응용)

그림 4-3-1

캔버스에서 새로운 캔버스(+ 버튼)를 누른 후에 스크린 크기를 눌러 줍니다.

그림 4-3-2

사진 삽입하기를 불러서 자신이 사용할 사진을 불러옵니다. 오늘은 종이의 질감이 잘 보이는 사진
으로 준비해 줍니다. '4.1. 그림자 효과를 이용한 사진 위에 글씨 쓰기' 마지막에 알려 드린 각 사진
사이트에서 paper texture, paper, 종이 질감 등으로 검색해 마음에 드는 사진으로 준비해 줍니다.

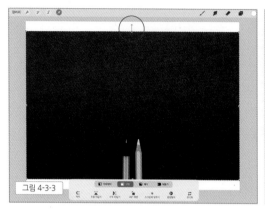

그림 4-3-3

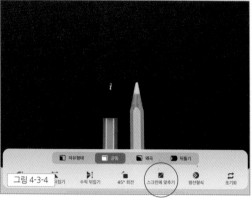

그림 4-3-4

사진을 불러온 후 캔버스와의 사이즈를 한 번 비교해 줍니다. 캔버스 사이즈와 사진의 크기, 비율이 동일하지 않으므로 대부분 왼쪽 사진과 같이 상하 혹은 좌우로 여백이 생깁니다.

사진을 불러오면 이동 변형 툴이 자동 실행되는데 스크린에 맞추기를 눌러 줍니다. 그러면 캔버스에 꽉 차게 사진이 설정됩니다. 이 과정에서 필연적으로 캔버스에 들어가지 않는 부분은 잘리게 되므로 적절한 위치로 이동시켜 줍니다.

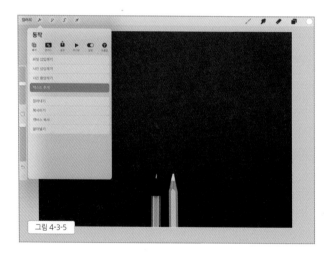

그림 4-3-5

이번 예시에서는 손으로 쓰는 글씨가 아닌 텍스트 사용법을 익히고 그 텍스트를 이용해 작업해 보겠습니다. 왼쪽 위의 공구처럼 생긴 동작을 눌러서 텍스트 추가를 눌러 줍니다.

그림 4-3-6

필자는 전체 대문자로 WELCOME이라고 썼습니다. 이번 그림을 연습한 후에 문구는 원하는 것
으로 변경해도 무방합니다. 텍스트 작성 후에 키보드 오른쪽 상단의 스타일 편집을 눌러 줍니다.

그림 4-3-7

이런 식으로 서체를 바꿀 수도 있고 여러 가지 설정을 변경할 수도 있습니다. 설정값들을 보고 똑
같이 맞춰서 작업해 줍니다.

그림 4-3-8

레이어에서 WELCOME 레이어를 한 번 눌러 줍니다. 메뉴 바가 생성되고 나서 레스터화를 눌러 줍니다. 레스터화란 작업한 글씨를 이미지화시켜 주는 작업으로 형태의 변형이 자유로우나 텍스트의 수정은 더는 불가능한 상태입니다.

그림 4-3-9

WELCOME의 섬네일이 텍스트를 의미하는 A에서 WELCOME이라는 이미지로 변화하였습니다.

그림 4-3-10

이미지 레이어를 활성화해 줍니다.

그림 4-3-11

사진 레이어를 복제해 줍니다. 레이어를 오른쪽에서 왼쪽으로 드래그 후에 복제를 선택합니다.

그림 4-3-12

WELCOME 레이어를 누른 후에 메뉴 바에서 선택을 눌러 줍니다.

그림 4-3-13

선택이 눌러진 상태에서(글씨를 제외한 부분에 빗금이 생깁니다.) 사진 레이어 두 장 중에 아래 레이어를 눌러 줍니다. 파란색의 활성화 상태가 되면 한 번 더 눌러서 메뉴 바를 연 다음 지우기를 눌러 줍니다. 작업 중에 선택이 풀려서 빗금이 없어진다면 이전 단계부터 다시 해 줍니다.

그림 4-3-14

맨 아래 사진 레이어에 WELCOME이라는 글씨 모양대로 지워졌습니다.

그림 4-3-15

앞 단계와 같이 WELCOME 레이어를 누른 후에 메뉴 바에서 선택을 눌러 줍니다.

그림 4-3-16

그다음 아래 반전 버튼을 눌러 줍니다. 그럼 글씨에만 빗금이 처져 있는 것을 볼 수 있습니다.

그림 4-3-17

두 개의 사진 레이어 중 위 레이어를 누르고 메뉴 바에서 지우기를 눌러 줍니다.

그림 4-3-18

아까 아래 했던 것과 달리 글씨 부분만 남고 다 지워진 게 보일 것입니다. 이 과정까지 다 했다면 맨 위에 흰색으로 썼던 글씨 레이어는 삭제해 주거나 레이어의 체크 박스를 해제해 줍니다.

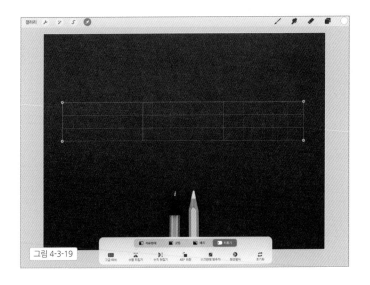

그림 4-3-19

검은색 글씨로 바뀐 이미지 레이어를 활성화한 상태에서 왼쪽 이동 및 변형 툴(화살표 모양)을 눌러 줍니다. 그리고 아래 뜨는 옵션 설정 박스에 뒤틀기를 눌러 줍니다. 위 그림과 같이 동그란 네 꼭짓점과 중간에 수직 수평선이 그어져 있다면 잘하고 있는 것입니다.

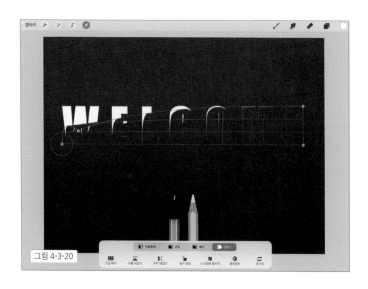

그림 4-3-20

왼쪽 상단 동그란 꼭짓점을 찍어서 앞으로 살짝 당겨 줍니다. 그럼 그림에서 보이는 것과 같이 종이를 벗겨 내는 것과 같은 효과가 생기기 시작합니다.

그림 4-3-21

오른쪽 상단 동그란 꼭짓점도 찍어서 앞으로 살짝 당겨 줍니다. 글씨가 앞으로 휘는 것처럼 보이게 다듬으면서 작업해 줍니다.

그림 4-3-22

마지막으로 왼쪽 꼭짓점과 오른쪽 꼭짓점 선상에서 그 중간쯤을(꼭짓점은 없음) 찍어서 다시 앞으로 보내 줍니다. 글씨 모양대로 앞으로 살짝 휘어 있는 것이 보일 것입니다.

그림 4-3-23

이렇게만 해도 어렴풋이 글씨가 휘어진 것이 보이지만 조금 더 잘 보이게 하기 위해서 밝게 조절해 줍니다. 왼쪽에 마법봉처럼 생긴 조정 메뉴에서 '색도, 채도, 밝기'를 눌러 줍니다.

그림 4-3-24

아래 메뉴 바에서 맨 오른쪽 밝기만 52%로 올려 줍니다. 너무 많이 올리면 같은 종이의 느낌이 들지 않아서 아주 살짝만 올려 주었습니다. (기본 설정이 50%이니 2%만 올려 준 것입니다.)

그림 4-3-25

아래 레이어 밑으로 새로운 레이어 하나를 추가해 줍니다. 처음부터 정확하게 저 위치에 생성되지 않더라도 이동시켜 주면 됩니다.

그림 4-3-26

아래 레이어에 메뉴 바를 열어서 선택을 눌러 줍니다.

그림 4-3-27

원하는 컬러로 레이어 채우기를 해 줍니다. 그림자가 될 부분이니 너무 연한 컬러만 아니면 됩니다.

그림 4-3-28

새로 만든 레이어가 채워진 것이 보입니다.

그림 4-3-29

색으로 채워 준 레이어를 조정에서 가우시안 흐림 효과를 적용합니다. 가우시안 흐림 효과 버튼을 누른 후에 화면 아무 데서나 시작점을 설정하고 왼쪽에서 오른쪽으로 드래그해 주면서 가우시안 흐림의 값을 설정합니다. 해당 작업은 10%로 진행하였습니다.

그림 4-3-30

하얗기만 했던 글씨 바깥쪽에 약간 푸르스름해진 것이 보일 것입니다.

그림 4-3-31

이 상태로 끝내도 좋지만 필자가 좋아하는 하늘 사진을 넣어 보겠습니다. 그래서 종이를 살짝 뜯었을 때 새로운 세상이 보이는 것 같은 효과를 내보겠습니다. 동작에서 사진 삽입하기 버튼을 눌러 줍니다. 사진을 넣지 않을 분들은 이 과정은 생략해도 좋습니다.

그림 4-3-32

하늘 사진을 추가해 배경 색상 레이어 위로 옮겨 주었습니다.

그림 4-3-33

남아 있는 텍스트들을 적기 위해서 한 번 더 텍스트를 추가해 줍니다.

그림 4-3-34

그림 4-3-35

필자가 사용한 서체와 각종 설정값입니다.

그림 4-3-36

이동 툴(화살표)을 눌러서 WELCOME 아래로 오도록 해 줍니다. 흰색의 글씨가 너무 튀는 것 같아서 불투명도를 50%로 조절해 주었습니다. 해당 레이어 옆에 'N' 버튼을 눌러 주면 그 아래 불투명도 바가 나옵니다. 설정값을 50%로 맞춰 줍니다.

그림 4-3-37 완성

4.4. 회전 대칭 효과를 이용한 리스 안에 계절 글씨 쓰기

그림 4-4-1

새로운 캔버스에서 사각형으로 열어 줍니다.

그림 4-4-2

이렇게 정사각형의 캔버스가 열린 것을 볼 수 있습니다.

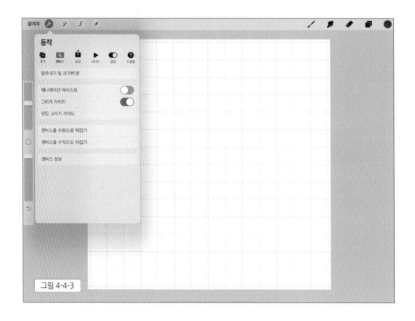

그림 4-4-3

동작에서 그리기 가이드를 활성화해 줍니다.

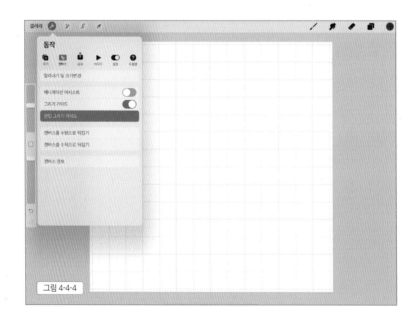

그림 4-4-4

편집 그리기 가이드를 선택해 줍니다.

그림 4-4-5

그리기 가이드에서 대칭을 선택해 줍니다.

그림 4-4-6

옵션의 버튼을 눌러서 방사상을 선택해 줍니다. 일정한 간격으로 작업할 수 있습니다.

그림 4-4-7

그림 4-4-8

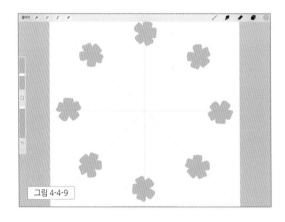

그림 4-4-9

위의 그림 순서대로 하나의 선 위에만 그림을 그려 보면 각 선 위에 전부 그림이 생기는 것을 볼 수 있습니다.

그림 4-4-10

이렇게 일부분을 확대해서 한 부분만 꼼꼼히 그려 줍니다.

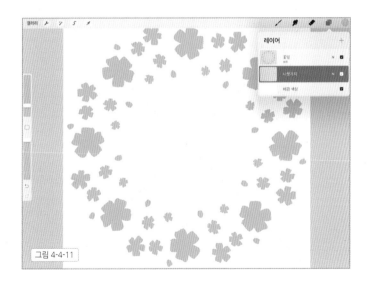

그림 4-4-11

다 그리고 확대해서 보면 이렇게 전부 꽉 차 있는 것을 볼 수 있습니다. 새로운 레이어를 만들어서 맨 아래로 내려 줍니다. 생성된 위치에서 이동할 레이어를 꾹 누르고 있으면 레이어를 움직일 수 있습니다.

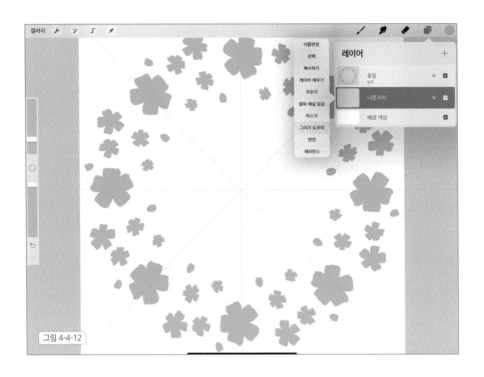

그림 4-4-12

다 그리고 확대해서 보면 이렇게 전부 새로 생긴 레이어를 한 번 터치해서 나오는 메뉴 바에서 그리기 도우미를 활성화해 줍니다. 새로 생긴 레이어에도 대칭 그리기 도우미가 적용됩니다.

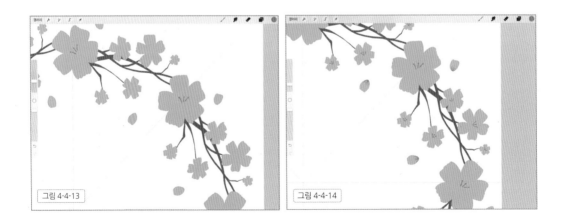

그림 4-4-13

그림 4-4-14

일부분을 확대한 후에 아래 레이어에 가지를 그려 줍니다. 가지를 그리다가 꽃이 부족해 보인다면 꼭 꽃 그림 레이어를 활성화해서 추가로 그려 줍니다. 꽃 안에 수술도 간단하게 표현해 줍니다.

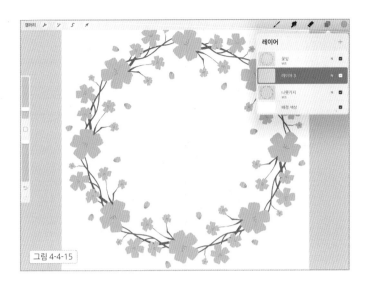

그림 4-4-15

한 부분만 그렸지만 줄여서 보면 모든 그림에 표현된 걸 볼 수 있습니다. 나뭇잎을 그릴 새로운 레이어를 만들어서 꽃잎과 나뭇가지 사이로 이동해 줍니다. 필자는 레이어3 이름을 나뭇잎으로 바꿀 것이지만 바꾸지 않아도 괜찮습니다.

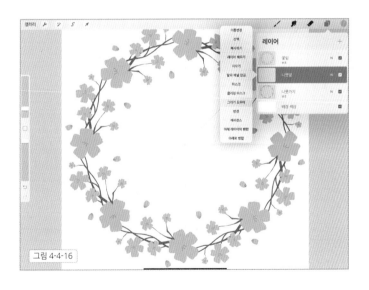

그림 4-4-16

나뭇잎 레이어에도 그리기 도우미를 설정해 줍니다.

그림 4-4-17

나뭇잎 레이어를 활성화한 상태에서 한 부분만 확대한 상태로 나뭇가지 사이사이에 나뭇잎을 꽉
차게 그려 줍니다.

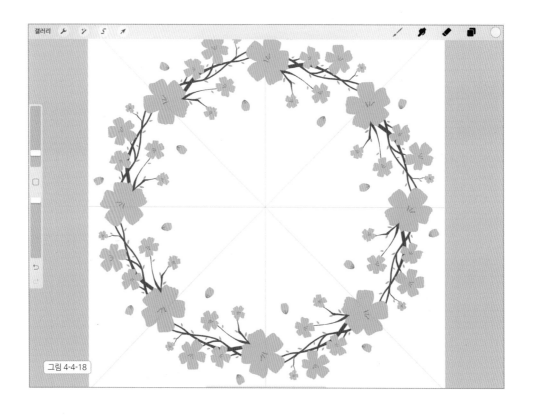

그림 4-4-18

화면을 줄이고 보면 나머지 부분에도 나뭇잎이 다 그려져 있는 것을 볼 수 있습니다.

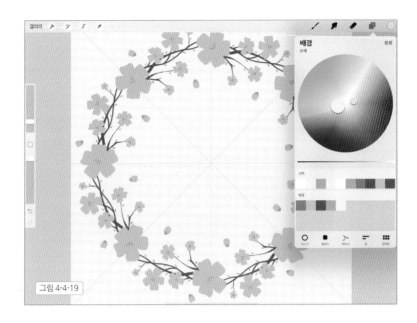

그림 4-4-19

배경 레이어를 선택해서 배경색을 바꿔 줍니다. 꼭 예시에 나와 있는 색이 아닌 원하는 색으로 해도 무방합니다.

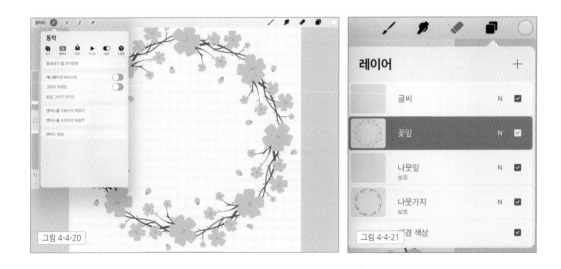

그림 4-4-20

그림 4-4-21

동작 그리기 가이드에서 활성화를 해제해 준 후에(파란색 → 회색) 레이어 목록에서 새로운 레이어를 하나 생성해 줍니다.

그림 4-4-22

새로 생성한 레이어에 캘리그래피를 이용해 글씨를 씁니다. 그리고 이동 툴을 이용해(왼쪽 화살표) 크기와 위치를 조절해 줍니다.

그림 4-4-23

글씨 레이어를 복제한 후 아래 레이어에 손가락 두 개로 왼쪽에서 오른쪽으로 밀어서 알파 채널 잠금을 설정해 줍니다. (레이어를 터치해 나타나는 메뉴 바에서 체크해 줘도 됩니다.) 지금부터는 '4.1. 그림자 효과를 이용한 사진 위에 글씨 쓰기'에서 했던 그림자 효과를 적용하게 됩니다. 혹시 그림 자 넣는 방법이 어려운 분들은 복습하고 오기를 추천합니다.

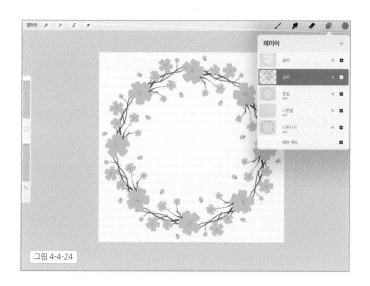

그림 4-4-24

아래에 있는 글씨 레이어의 컬러를 변경해 줍니다. 필자는 꽃과 비슷한 컬러를 사용했지만 원하는
색으로 사용해도 무방합니다. 레이어에서는 컬러가 변한 것이 보이지만 캔버스에서는 아래에 있
는 레이어이기 때문에 색이 바뀌었는지 확인되지 않습니다.

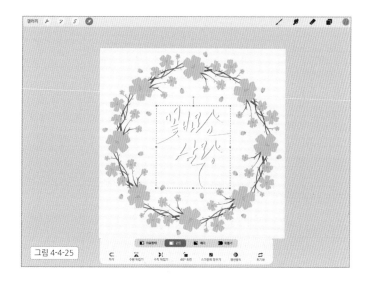

그림 4-4-25

아래 레이어를 이동 툴을 이용해 오른쪽 하단으로 살짝 옮겨 줍니다.

그림 4-4-26

아래에 있는 글씨 레이어의 알파 채널 잠금을 해제해 줍니다. (레이어 섬네일에 체크 모양이 없어져야합니다.) 손가락 두 개로 레이어를 왼쪽에서 오른쪽으로 밀어줍니다.

그림 4-4-27

아래 글씨 레이어가 활성화된 상태에서 왼쪽 상단에 마법봉처럼 생긴 조정 툴을 누르고 가우시안 흐림 효과를 눌러 줍니다.

그림 4-4-28

화면 어떤 곳이든 상관없이 왼쪽에서 오른쪽으로 슬라이드해 보면 가우시안 흐림 효과의 값을 설정할 수 있습니다. 이 예시에서는 5%로 적용하였습니다.

그림 4-4-29 완성

그림 4-4-30 크리스마스 리스 예시

리스의 오브젝트를 어떤 것을 쓰는지에 따라서 컬러가 달라지고 그런 오브젝트들을 이용해서 크리스마스 등 계절에 맞는 리스들로 응용할 수 있습니다.

4.5. 그라데이션 효과를 이용한 글씨 쓰기 1

그림 4-5-1

갤러리에서 새로운 캔버스를 열어 줍니다. 스크린 크기로 선택해 줍니다.

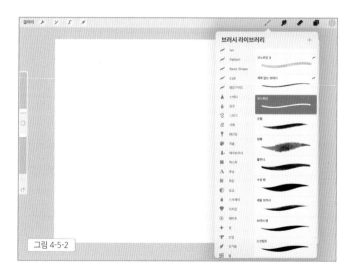

그림 4-5-2

오늘은 본 작업에 들어가기 전에 모노라인 브러시를 두껍게 사용해야 하니 모노라인 브러시 설정을 바꾸고 시작해 봅니다.

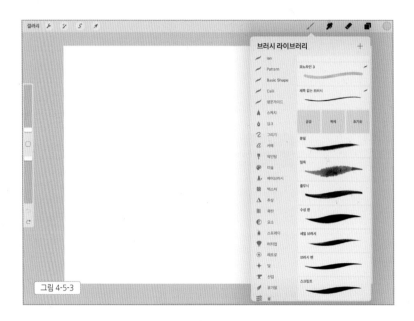

그림 4-5-3

기존의 모노라인 브러시를 오른쪽에서 왼쪽으로 슬라이드해서 복제 버튼을 눌러 줍니다.

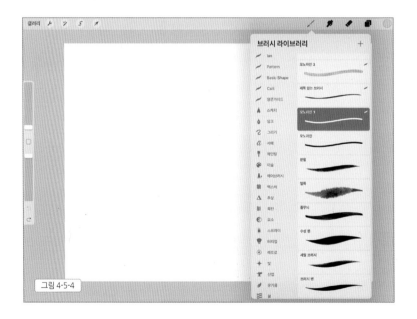

그림 4-5-4

새로 생긴 **모노라인 1** 브러시를 한 번 터치해 줍니다.

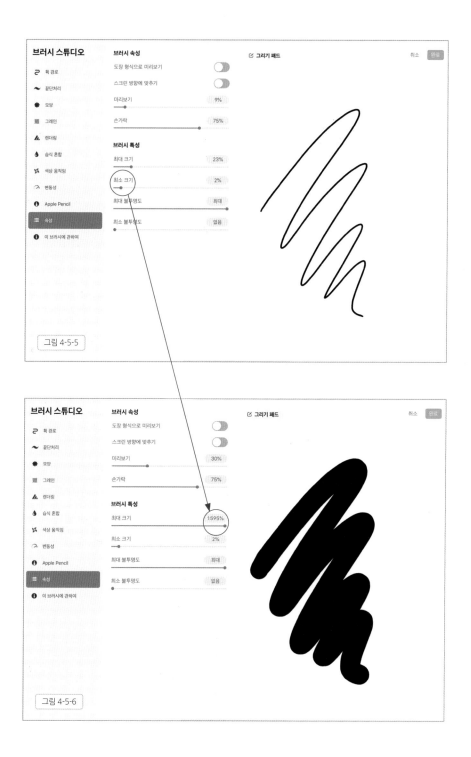

그림 4-5-5

그림 4-5-6

브러시 스튜디오가 뜨면 왼쪽 아래 속성에서 브러시 특성 중 최대 크기를 100으로 맞춰 줍니다.

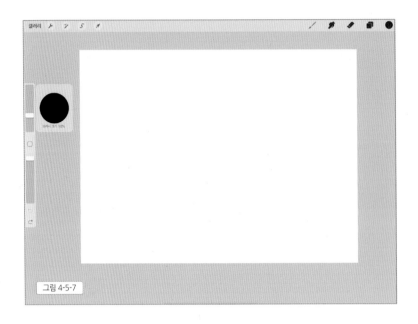

그림 4-5-7

두꺼운 모노라인 브러시 사이즈를 10%로 설정합니다.

그림 4-5-8

4~5가지 컬러를 이용해서 세로로 나란히 칠해줍니다. 완전히 수직이 아니어도 괜찮고 필자와 컬

러가 똑같지 않아도 됩니다.

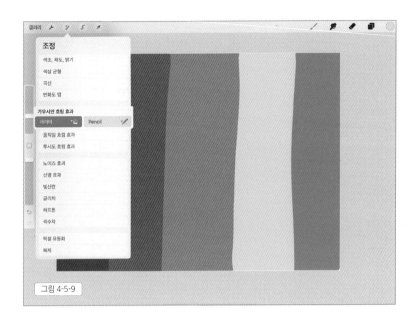

그림 4-5-9

조정에서 가우시안 흐림 효과를 눌러 줍니다.

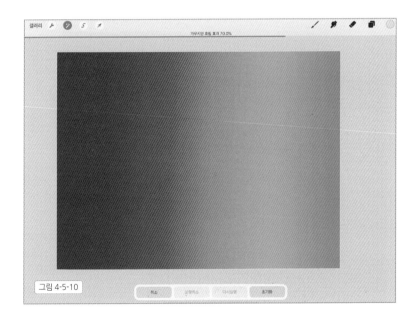

그림 4-5-10

화면 어떤 곳이든 상관없이 왼쪽에서 오른쪽으로 슬라이드해 보면 가우시안 흐림 효과의 값을 설
정할 수 있습니다. 이 예시에서는 70%로 적용하였습니다. 자연스러운 그라데이션이 되었습니다.

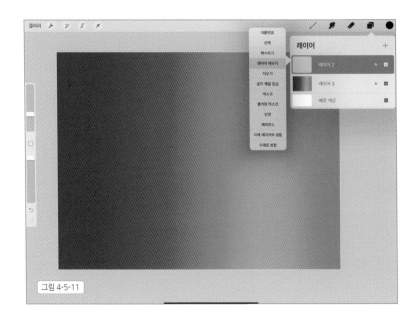

그림 4-5-11

그라데이션 레이어 위로 새로운 레이어를 생성해 줍니다. 검은색 컬러를 선택한 후에 레이어를 한 번 터치해 생성되는 메뉴 바에서 레이어 채우기를 눌러 줍니다.

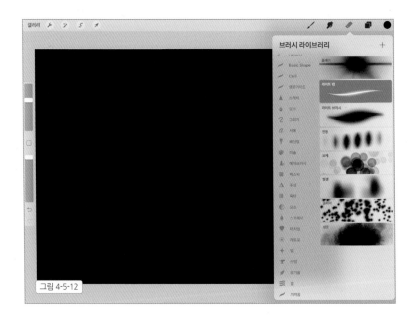

그림 4-5-12

화면이 검게 채워진 상태에서 지우개 브러시 툴 안의 빛들 중 라이트 펜을 선택해 줍니다.

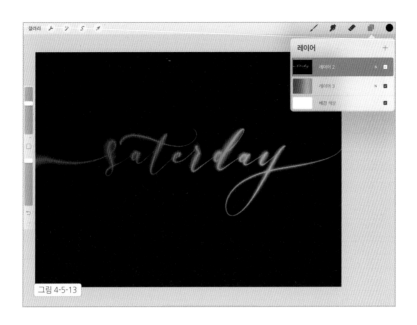

그림 4-5-13

지우개 브러시를 선택하고 검정 레이어에 지우듯이 글씨를 씁니다. 글씨가 써져서 지워진 부분 아래로 처음 만들었던 그라데이션이 보입니다.

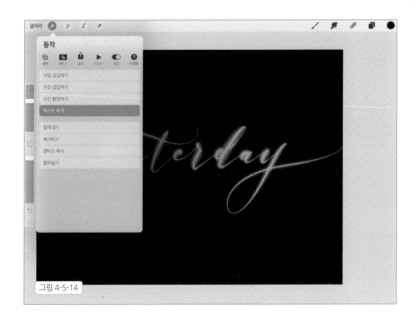

그림 4-5-14

동작에서 텍스트 추가를 눌러 줍니다.

그림 4-5-15

NIGHT라고 입력해 줍니다. 단어는 바꿔도 무방합니다.

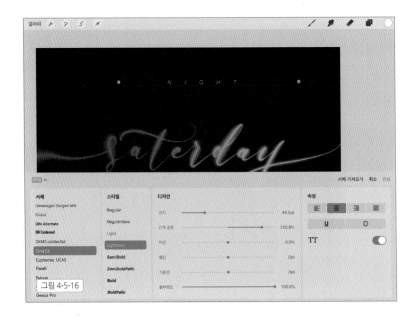
그림 4-5-16

이 작업에서 NIGHT에 설정한 값들입니다.

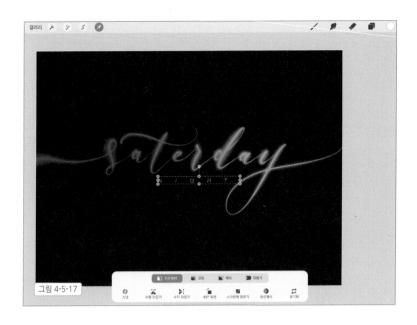

그림 4-5-17

NIGHT의 위치를 Saturday 아래로 이동시켜 줍니다.

그림 4-5-18

가운데 검은색 레이어로 돌아간 뒤 지우개 툴에서 빛(라이트 브러시)을 이용해 사이즈가 다른 동그
라미 점들을 찍어서 화려한 느낌을 더해 줍니다.

그림 4-5-19 완성

4.6. 그라데이션 효과를 이용한 글씨 쓰기 2

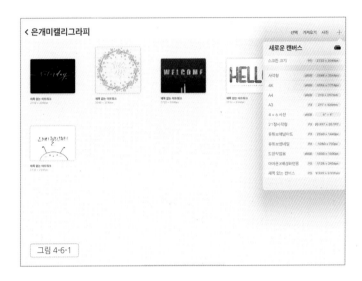

그림 4-6-1

갤러리에서 새로운 캔버스를 열어 줍니다. 스크린 크기로 선택해 줍니다.

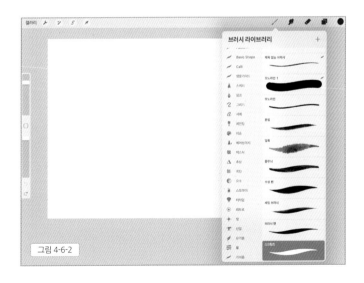

그림 4-6-2

브러시 툴에서 서예 카테고리에 있는 스크립트 브러시를 선택해 줍니다.

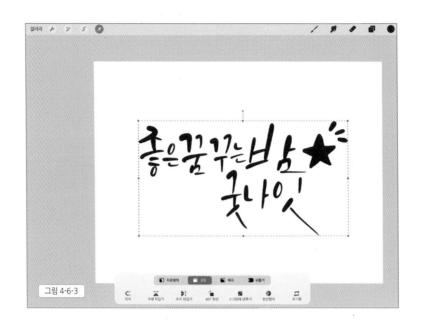

그림 4-6-3

글씨 기울기들을 이용한 캘리그래피를 써 줍니다.

그림 4-6-4

글씨가 써진 레이어에 알파 채널 잠금을 설정해 줍니다. 손가락 두 개를 이용해 해당 레이어를 왼쪽에서 오른쪽으로 슬라이드해 주고 레이어 섬네일에 체크 무늬가 생기면 완료됩니다.

그림 4-6-5

에어브러시 카테고리에서 미디엄 브러시를 선택해 줍니다.

그림 4-6-6

브러시 사이즈는 80%로 맞춰 줍니다.

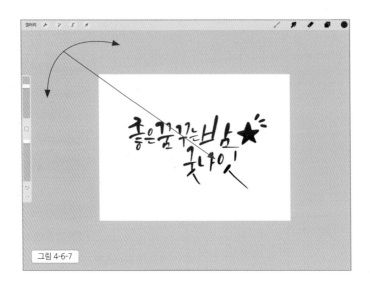

그림 4-6-7

파란색을 선택한 후에 미디엄 브러시를 좌측 상단 캔버스 밖에서부터 캔버스 안쪽으로 화살표 끝 점까지 살살 칠하면서 들어와 줍니다.

그림 4-6-8

분홍색을 선택한 후에 미디엄 브러시를 우측 하단 캔버스 밖에서부터 캔버스 안쪽으로 화살표 끝 점까지 살살 칠하면서 들어와 줍니다. 캔버스 안쪽으로 갈 때 더 살살 칠하면 파란색과 자연스러운 블렌딩이 생겨 그라데이션도 자연스럽게 생성됩니다.

그림 4-6-9

새로운 레이어 생성 후 글씨 레이어 아래로 이동시켜 줍니다.

그림 4-6-10

새로운 레이어에 모노라인 브러시를 이용해 원을 그려 줍니다. 처음 그리는 원은 위의 그림처럼 매끈한 원의 모양이 나오지 않으므로 원을 그린 후 펜슬을 떼지 말고 1~2초가량 그대로 유지해 주면 매끈한 원의 모양이 생깁니다.

그림 4-6-11

손을 떼지 않는 것만으로도 만족스러운 원이 나오지 않는다면 원을 그린 펜슬을 화면에서 떼지 않은 상태에서 반대쪽 손가락을 화면에 터치해 줍니다. 완벽한 정원이 생깁니다.

그림 4-6-12

노란색 컬러 칩을 원 안으로 끌어당겨 원의 색을 채워 줍니다.

그림 4-6-13

모노라인 브러시가 활성화되어 있는지 중간에 확인해 줍니다. 혹시 실수로 다른 브러시가 선택되어 있다면 **모노라인 브러시**를 선택해 줍니다.

그림 4-6-14

새로운 레이어를 생성 후 제일 아래로 내려 줍니다. 배경보다 아래로 갈 수는 없습니다. 배경 위의 레이어가 제일 아래 레이어라고 생각하면 됩니다.

그림 4-6-15

하단에 가로선을 직선으로 그어 줍니다. 대충 직선을 그은 후 펜슬을 떼지 말고 1~2초가량 기다린 다음에 반대쪽 손을 화면에 터치해 주면 수평의 가로선을 그릴 수 있습니다.

그림 4-6-16

파란색을 선택한 후에 컬러 칩을 끌어와서 가로선 아래 빈칸을 채워 줍니다. 빈칸을 직접 칠해도 괜찮습니다.

그림 4-6-17

파란 직사각형이 있는 레이어를 활성화해 줍니다.

그림 4-6-18

활성화된 레이어는 알파 채널 잠금을 적용해 줍니다. 알파 채널을 잠그려면 손가락 두 개를 이용
해 해당 레이어를 왼쪽에서 오른쪽으로 슬라이드하거나, 터치한 후에 생기는 메뉴 바에서 알파 채
널 잠금을 선택합니다.

그림 4-6-19

알파 채널이 잠겨 있는 맨 아래에 있는 레이어에 노란색을 이용해 달무리를 그려 줍니다. 아래로 갈수록 점점 폭이 좁게 그리면 됩니다.

그림 4-6-20

노란색 원이 그려져 있는 레이어를 활성화해 준 후에 원 밖으로 동그란 점들을 찍어 줍니다.

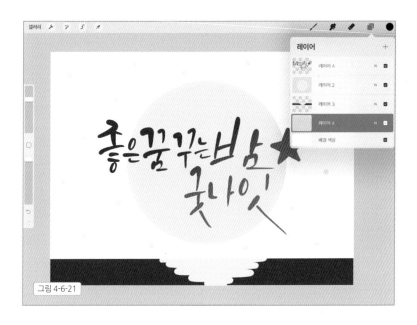

그림 4-6-21

새로운 레이어를 만들어서 맨 아래로 내려 줍니다.

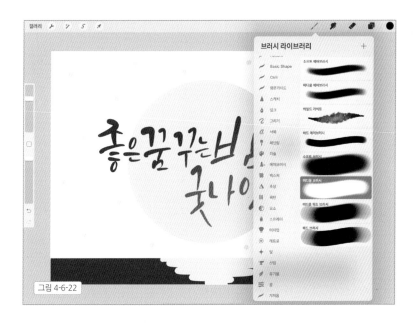

그림 4-6-22

에어브러시에서 미디엄 브러시를 선택해 줍니다.

그림 4-6-23

맨 아래 레이어에 네이비 컬러를 선택해서 비워 놓은 가운데를 그라데이션으로 칠해 줍니다. (작은 동그라미 부분은 칠하면 안 됩니다.) 캔버스를 작게 한 상태에서 캔버스 바깥쪽부터 동그랗게 칠하다가 가운데 달 모양 근처는 칠하지 않고 달이 빛나는 것처럼 표현합니다.

그림 4-6-24

글씨 레이어를 복제하고 알파 채널 잠금이 설정되어 있는지를 확인해 줍니다. 글씨 주변에 흰색의 빛나는 효과를 주게 될 레이어입니다. 그림자를 주는 방법과 동일하나 컬러가 흰색이라는 차이밖에 없습니다. 처음 글씨 레이어에서 알파 채널 잠금을 해제 안 하고 복사했다면 알파 채널이 그대로 있을 것입니다. 혹시 해제했다면 복제한 아래 레이어에 다시 알파 채널 잠금을 설정합니다.

그림 4-6-25

컬러 칩에서 흰색을 선택해 줍니다. 아래 글씨 레이어를 한 번 터치해서 나오는 메뉴 바에서 레이어 채우기를 눌러 줍니다.

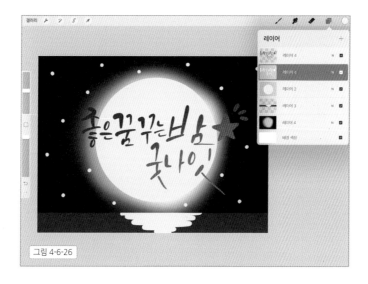

그림 4-6-26

캔버스에는 흰색으로 바뀐 것이 보이지는 않지만 레이어 섬네일에 보면 흰색으로 바뀌어 있는 것을 볼 수 있습니다. 색이 바뀌고 나면 꼭! 알파 채널 잠금을 해제해 줍니다. 섬네일에서 체크무늬가 안 보이면 알파 채널 잠금이 해제된 것입니다.

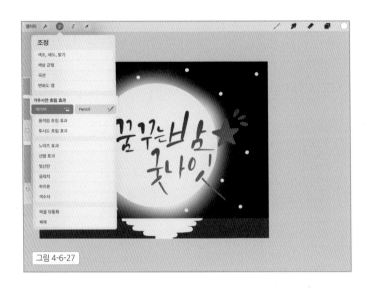

그림 4-6-27

조정에서 가우시안 흐림 효과를 눌러 줍니다.

그림 4-6-28

가우시안 흐림 효과의 값을 15% 정도 설정해 주었습니다. 달 안으로는 변화를 크게 못 느끼지만 달을 벗어나 있는 부분들의 글씨들 주위로 하얀색으로 빛나는 효과가 적용된 것이 보일 것입니다. 빛나는 효과와 더불어 배경 때문에 잘 안 보이던 글씨들이 잘 보이게 됩니다.

그림 4-6-29 완성

4.7. 블렌딩 효과를 이용해 종이에 글씨 쓴 효과 주기

그림 4-7-1

새로운 캔버스를 스크린 사이즈로 열어 줍니다.

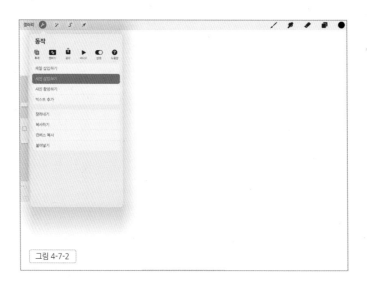

그림 4-7-2

동작에서 사진 삽입하기를 눌러 줍니다.

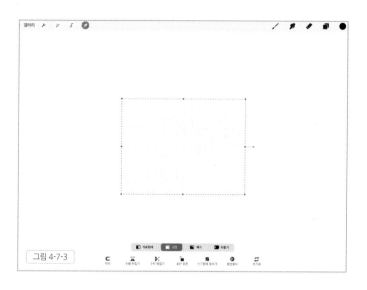

그림 4-7-3

미리 다운받아 놓은 종이 질감을 불러옵니다. 종이 질감 이미지는 '4.1. 그림자 효과를 이용한 사진 위에 글씨 쓰기'에서 소개한 무료 고화질 사이트들에서 받을 수 있습니다.

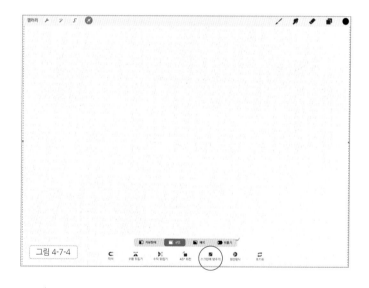

그림 4-7-4

사진 불러오기를 하면 자동으로 이동 툴이 실행됩니다. 중간쯤에 보면 스크린에 맞추기라는 아이콘이 있습니다. 이걸 눌러서 사진을 전체 스크린 사이즈에 맞춰 줍니다.

그림 4-7-5

상단에 새로운 레이어를 생성해 줍니다.

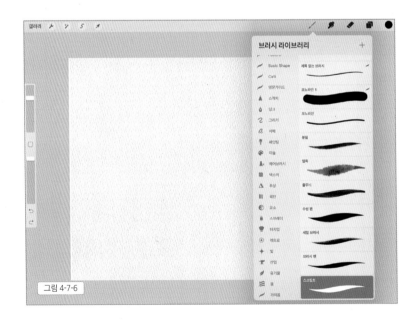

그림 4-7-6

이 그림에서는 서예 카테고리의 스크립트 브러시를 이용해 글씨를 쓸 것입니다.

그림 4-7-7

새로 생성한 레이어 위에 캘리그래피를 이용한 문구를 적어 줍니다.

그림 4-7-8

아래 글씨까지 썼지만 크기와 위치를 조정하기 위해 갤러리 옆 3번째에 있는 아이콘을 눌러 올가미 툴이 활성화되어 있는 상태에서 옮기고 싶은 부분만 선택하면 그 부분이 점선으로 둘러지게 됩니다. 이 방법은 한 레이어 안에서 특정 부분의 위치를 옮기고 싶을 때 사용하면 좋습니다.

그림 4-7-9

선택 툴 오른쪽에 있는 이동 툴을 누르면 내가 선택했던 부분만 네모 칸이 생기면서 위치 이동과
크기 변화가 자유로워집니다.

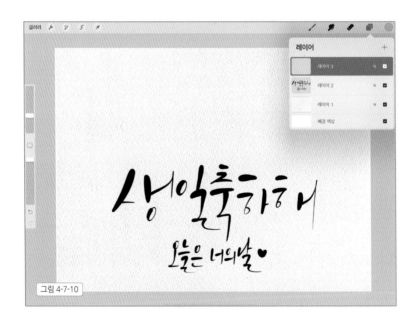

그림 4-7-10

레이어 상단에 새로운 레이어를 생성해 줍니다.

그림 4-7-11

케이크가 될 면적을 그려 줍니다. 조금 삐뚤빼뚤한 사각형 모양이어도 상관없고 정확한 원기둥이
어도 상관없습니다. 필자는 빨리 그리는 그림을 지향하므로 형태가 일정하지 않은 네모를 그렸습
니다.

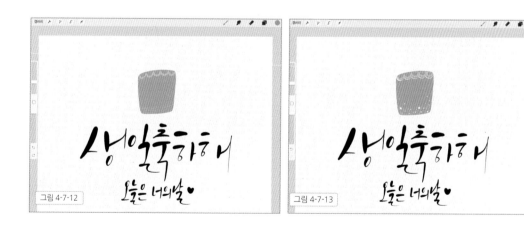

그림 4-7-12 그림 4-7-13

케이크 위에 장식이 될 부분들을 그려 줍니다. 장식의 모양은 예시와 동일하지 않아도 괜찮습
니다.

그림 4-7-14

케이크 안에 HAPPY BIRTHDAY라고 작게 써 줍니다. 동일하게 스크립트 브러시를 사용하였습니다. 브러시 사이즈를 줄여서 쓰면 됩니다.

그림 4-7-15

케이크 위에 초를 그려 줍니다. 필자는 3개만 그렸지만 초의 개수나 형태는 원하는 대로 그려도 좋습니다. 숫자 초의 형태로 바꿔도 예쁩니다.

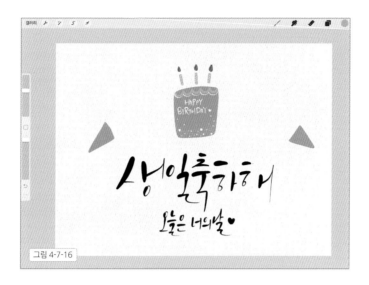

그림 4-7-16

생일에는 폭죽이 빠질 수 없으니 폭죽의 형태를 그려 줍니다. 정확한 삼각형 모양이 아니어도 됩니다.

그림 4-7-17

폭죽에 무늬를 넣고 폭죽이 터지는 이미지를 그려 줍니다.

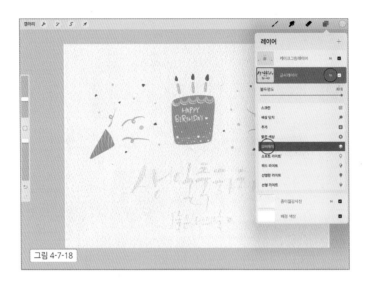

그림 4-7-18

글씨가 써진 레이어에 N 버튼을 눌러 줍니다. 아래 여러 가지 블렌딩 효과들이 나오는데 그중에서 오버레이를 선택해 주면 글씨가 흐려지는 것이 보이게 됩니다.

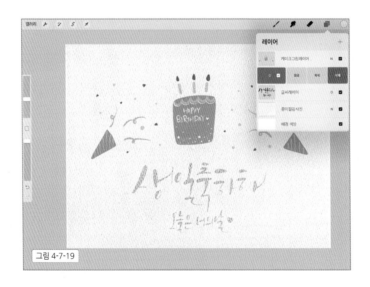

그림 4-7-19

글씨 레이어를 복제해 줍니다. 조금 선명해집니다.

그림 4-7-20

5번 정도 복제하면 질감의 효과는 살아 있되 선명해집니다. 글씨가 써진 모든 레이어에 오버레이 효과가 설정되어 있는지 확인해 줍니다. 모든 레이어 체크 박스 왼쪽에 O가 쓰여 있으면 됩니다.

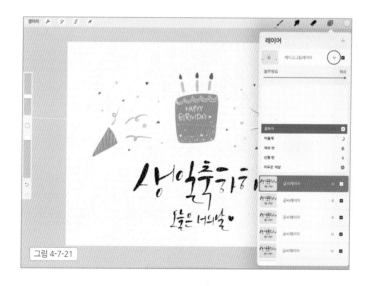

그림 4-7-21

케이크랑 폭죽이 그려진 레이어를 선택해서 오른쪽 N 버튼을 눌러 줍니다. 그리고 곱하기라는 블렌딩을 선택해 줍니다. N이었던 글씨가 M으로 바뀐 것을 볼 수 있습니다. 글씨와 그림의 컬러가 다르기 때문에 각기 다른 블렌딩 효과를 주는 것입니다.

그림 4-7-22

곱하기 블렌딩이 설정된 그림 위로 종이 질감이 보이게 되면서 실제 종이에 그린 것 같은 효과가 됩니다.

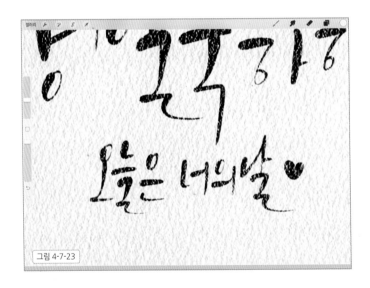

그림 4-7-23

오버레이를 반복해서 쌓아 준 글씨 레이어도 종이 질감이 표현된 것을 볼 수 있습니다.

그림 4-7-24

종이 질감 사진 위에 새로운 레이어를 하나 생성해 줍니다. 배경에 컬러를 넣고 싶지 않다면 여기서부터 하지 않아도 됩니다.

그림 4-7-25

원하는 배경의 컬러를 선택해서 레이어 채우기를 해 줍니다.

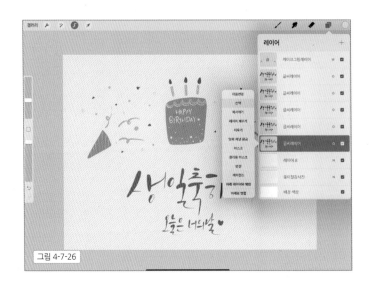

그림 4-7-26

글씨 레이어 하나를 터치해서 나오는 메뉴 바에서 선택을 눌러 줍니다. 배경이 빗금들이 가 있는
것이 보여야 합니다.

그림 4-7-27

배경 컬러를 칠해 준 레이어를 활성화한 후 메뉴 바에서 지우기를 눌러 줍니다.

그림 4-7-28

이 책에서는 잘 안 보일 수도 있지만 종이 레이어 섬네일에서 글씨 부분만 지워진 것이 보일 것입니다.

그림 4-7-29

전체 컬러를 칠해 준 레이어도 N을 눌러서 블렌딩 모드는 곱하기로 바꾸어 M으로 변경해 줍니다.

그림 4-7-30

블렌딩 모드를 변경한 후에 불투명도의 값을 70%로 설정하여 마무리합니다.

그림 4-7-31 완성

4-8. 엠보싱 효과를 이용해 종이 질감 사진 위에 글씨 쓰기

그림 4-8-1

새로운 캔버스에서 스크린 크기를 열어 줍니다.

그림 4-8-2

미리 다운받아 놓은 종이 질감을 불러옵니다. 종이 질감 이미지는 '4.1. 그림자 효과를 이용한 사진 위에 글씨 쓰기'에서 소개한 무료 고화질 사이트들에서 받을 수 있습니다.

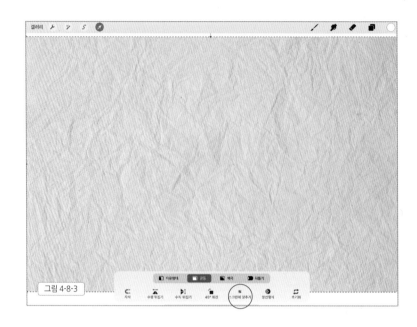

그림 4-8-3

사진 불러오기를 하면 자동으로 이동 툴이 실행됩니다. 중간쯤에 보면 스크린에 맞추기라는 아이콘이 있습니다. 이걸 눌러서 사진을 전체 스크린 사이즈에 맞춰 줍니다.

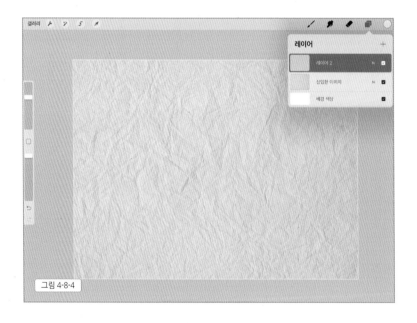

그림 4-8-4

상단에 새로운 레이어를 생성해 줍니다.

그림 4-8-5

이 작업은 서예에 세일 브러시를 사용할 것이지만 다른 브러시를 사용해도 가능합니다. 그러나 너무 얇은 브러시보다는 넓은 면적이 있는 브러시가 더 효과적입니다.

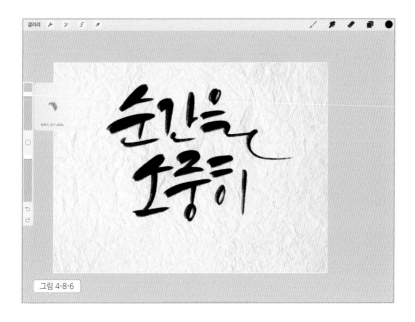

그림 4-8-6

새로 생성된 레이어에 브러시 크기를 60%로 맞춰서 캘리그래피 작업을 해 줍니다.

그림 4-8-7

새로 생성된 레이어에 브러시 크기를 60%에 맞춰서 캘리그래피 작업을 해 줍니다.

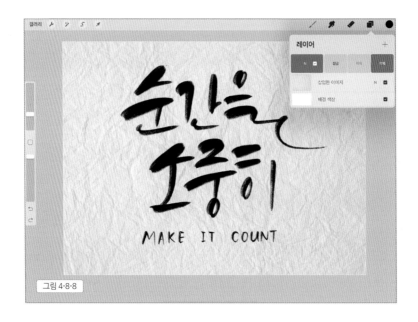

그림 4-8-8

글씨가 완성된 레이어를 두 번 복제해 줍니다.

그림 4-8-9

동일한 글씨 레이어가 모두 3개 있는 것이 보입니다.

그림 4-8-10

모든 글씨 레이어에 알파 채널 잠금 설정을 해 줍니다.

그림 4-8-11

제일 상단에 있는 글씨 레이어에 색을 입혀 줍니다. 첫 번째 컬러를 사선 형태의 그라데이션으로 색칠해 줍니다. 곡선의 형태로 왼쪽 상단 위에서 오른쪽 하단으로 내려 줍니다. 캔버스에 직접 칠하는 것보다 캔버스 밖에서 살살살 칠하면서 안으로 들어가는 것이 더 좋습니다.

그림 4-8-12

제일 상단에 있는 글씨 레이어에 두 번째 컬러도 사선 형태의 그라데이션으로 색칠해 줍니다. 곡선의 형태로 오른쪽 하단에서 왼쪽 상단으로 내려 줍니다.

그림 4-8-13

제일 상단에 있는 글씨 레이어에 세 번째 컬러도 사선 형태의 그라데이션으로 색칠해 줍니다. 곡선의 형태로 오른쪽 하단에서 왼쪽 상단으로 내려 줍니다.

그림 4-8-14

알파 채널이 잠겨 있는 두 번째와 세 번째 글씨 레이어를 레이어 채우기를 통해서 각각 흰색과 검은색으로 바꿔 줍니다.

그림 4-8-15

흰색 레이어는 왼쪽 상단에 1mm 정도 보이게 이동해 주고 검은색 레이어는 오른쪽 하단으로 1mm 정도 보이게 이동해 줍니다.

그림 4-8-16

흰색 레이어와 검은색 레이어 모두 가우시안 흐림 효과를 적용해 주길 바랍니다.

그림 4-8-17

흰색 글씨 레이어만 블렌딩 모드를 추가로 바꾼 후에 불투명도를 50%로 줄여 줍니다. 검은색 글씨 레이어는 가우시안 상태로 그냥 두면 됩니다.

그림 4-8-18

맨 위 컬러 글씨 레이어의 투명도 값을 40%로 선택해 줍니다. 흰색과 검은색의 조화가 불투명도로 인해 살짝 컬러 글씨 위에 비치면서 낮은 두께의 입체감이 보입니다.

그림 4-8-19

상단에 새로운 레이어를 생성해 줍니다.

그림 4-8-20

빛에서 라이트 브러시를 선택해 줍니다.

그림 4-8-21

새로운 레이어 위에 글씨의 두께를 더 효과적으로 표현하기 위해서 새로운 레이어 위에 반짝이는 획을 추가해 줍니다.

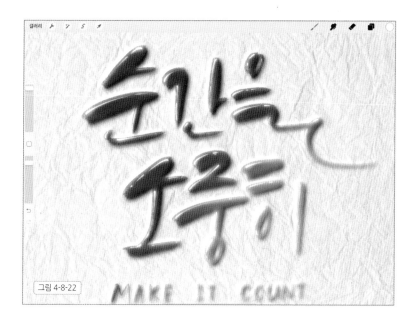

그림 4-8-22

한 획마다 일정한 방향으로 빛 반사를 표현해 줍니다.

그림 4-8-23

금속 질감이 아닌데도 빛 반사의 표현이 너무 강하기 때문에 불투명도를 사용해 레이어의 불투명
도 값을 50%로 설정합니다.

그림 4-8-24

배경이 된 종이 레이어를 제외한 모든 레이어를 선택해 사이즈를 적당한 사이즈로 조절해서 적절
한 위치로 이동해 줍니다.

4-9. 3D 효과를 이용한 글씨 쓰기(기초)

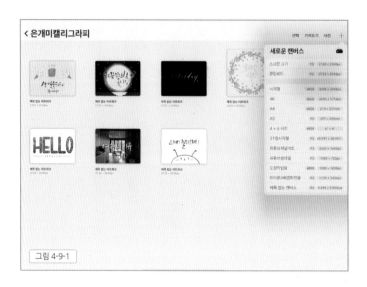

그림 4-9-1

새로운 캔버스에서 스크린 크기의 캔버스를 열어 줍니다.

그림 4-9-2

앞에서 배운 글자들을 이용해서 lovely라는 단어를 써 봅니다. (스튜디오 브러시를 사용하였습니다.)

그림 4-9-3

완성한 글씨 레이어를 복제해 줍니다.

그림 4-9-4

컬러 칩을 검은색으로 바꿔 줍니다. 아래 글씨 레이어는 메뉴 바에서 선택을 누른 후에 레이어 채우기를 진행해 줍니다. 캔버스에서는 보이지 않지만 레이어에서는 검은색으로 변해 있는 것이 보일 것입니다.

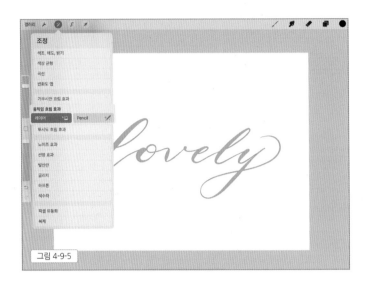

그림 4-9-5

아래 글씨 레이어를 활성화한 상태에서 **움직임 흐림 효과**를 적용해 줍니다. 움직임 흐림 효과는 어두운 색으로 진행할수록 효과적입니다.

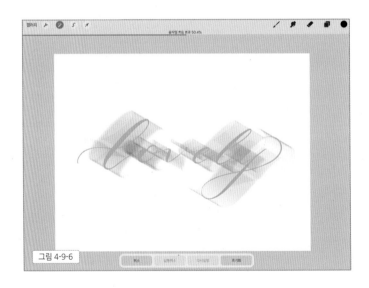

그림 4-9-6

움직임 흐림 효과의 설정값은 50%로 적용하였습니다. 움직임 흐림 효과가 너무 과해서 캔버스를 넘어가게 되면 캔버스를 넘어간 부분이 잘리게 되므로 캔버스를 넘어가지 않도록 주의합니다.

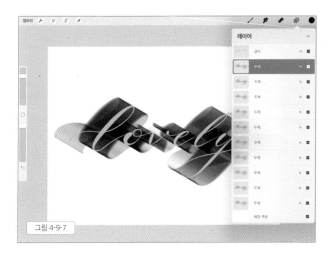

그림 4-9-7

움직임 흐림 효과가 적용된 레이어를 많이 복사해 줍니다. 이 예시에서는 10개 정도 복사되어 있지만 그 이상 해도 괜찮습니다. 움직임 흐림 효과가 적용된 모든 레이어를 합쳐 줍니다. 레이어를 합치는 방법은 합치고 싶은 처음과 끝에 손가락을 대고 모아 주면 됩니다.

그림 4-9-8

복제해서 병합한 레이어들을 다시 한 번 복제하는 과정을 거칩니다. 그러면 빈 공간이 없이 검은 색이 꽉 채워질 것입니다. 레이어를 복제하는 과정은 몇 번을 했는지가 중요한 것이 아니라 빈 공간이 없어 보일 만큼까지 해 주는 것이 중요합니다.

그림 4-9-9

병합한 두께 레이어에 메뉴 바에서 선택을 눌러 줍니다. 선택 영역을 제외한 나머지 부분에 빗금 이 쳐져 있습니다. 그리고 새로운 레이어를 생성해 줍니다.

그림 4-9-10

새로운 레이어가 생성되었다면 컬러 칩에서 두께에 어울릴 컬러로 선택한 다음 레이어 채우기를 진행해 줍니다. 이때 선택 영역 표시가 유지되고 있어야 합니다.

그림 4-9-11

컬러를 입힌 두께 레이어가 생성되었다면 검은색의 움직임 흐림 효과가 적용된 레이어는 삭제해 줍니다. 삭제할 레이어 오른쪽에서 왼쪽으로 살짝 밀면 삭제 버튼이 나옵니다.

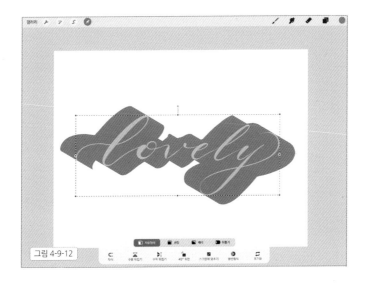

그림 4-9-12

상단의 글씨 레이어를 선택해서 경계가 어긋나지 않도록 왼쪽 상단으로 이동시켜 줍니다.

그림 4-9-13

왼쪽 상단 경계에 글씨를 딱 맞추면 실제 3D의 효과가 나옵니다.

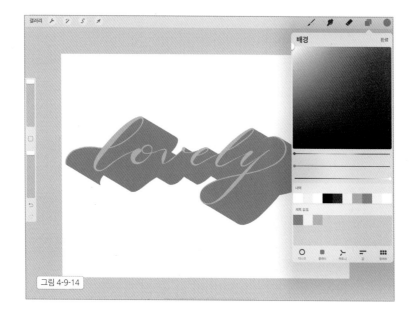

그림 4-9-14

배경 색상을 변경해 줍니다. 이 그림에서는 연한 노란색으로 설정해 주었습니다.

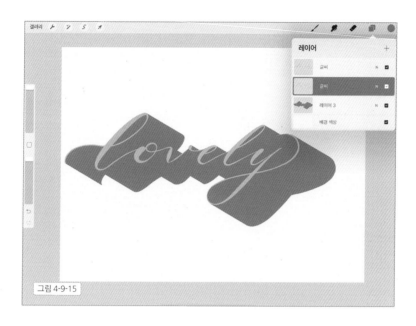

그림 4-9-15

글씨 레이어를 복제한 후에 맨 아래로 보내 줍니다. 배경 색상 위로 오면 됩니다.

그림 4-9-16

복제한 레이어를 이동 툴을 이용해 위치를 이동시켜 줍니다. 그림자가 될 부분이기 때문에 조금
가려져 있어도 괜찮습니다.

그림 4-9-17

맨 아래 레이어의 메뉴 바를 활성화해서 **선택**을 눌러 줍니다. 맨 뒤에 있는 글씨를 제외하고 모든 캔버스에 빗금이 쳐져 있는 것을 볼 수 있습니다.

그림 4-9-18

컬러 칩의 컬러를 그림자가 될 만한 진한 색으로 바꾼 뒤에 레이어 채우기를 진행해 줍니다. 검은색으로 진행해도 되고 필자처럼 갈색으로 선택해도 됩니다. 색깔이 바뀌고 나면 왼쪽 상단 선택 툴을 해제해 줍니다. 빗금이 사라지게 됩니다.

그림 4-9-19

맨 아래 레이어의 글자 색을 어두운 색으로 바꾼 후에 조정에서 가우시안 흐림 효과를 눌러 줍니다.

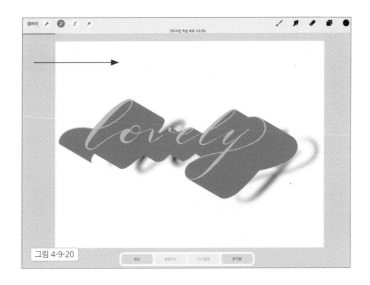

그림 4-9-20

가우시안 흐림 효과의 값을 10% 정도로 설정해 줍니다. 화면의 어느 곳이든 터치해서 왼쪽에서 오른쪽으로 슬라이드하면 됩니다. 그림자가 흐려진 것을 볼 수 있습니다.

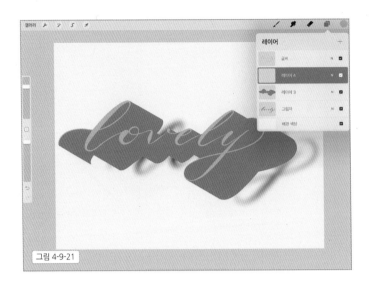

그림 4-9-21

새로운 레이어를 생성해서 맨 위의 글씨와 두께 레이어 사이에 위치하도록 해 줍니다.

그림 4-9-22

두께 부분의 레이어에서 메뉴 바를 활성화한 다음 선택을 눌러 줍니다. 그리고 새로 만든 레이어 4
를 활성화해서 파란색이 레이어 4에서 나타나도록 해 줍니다.

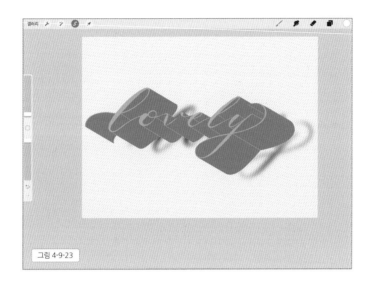

그림 4-9-23

컬러는 흰색으로, 스튜디오 브러시는 가장 얇게 설정한 채로 앞의 모서리와 뒤의 모서리를 잘 연결해 줍니다. 두께 레이어로 선택한 부분 이외에 다른 부분은 작업에서 제외되기 때문에, 레이어 4에서도 선택한 부분의 영역 외에는 그려지지 않습니다. 모서리들도 배경 밖으로 넘어가지 않도록 직선을 그려서 구분 짓습니다.

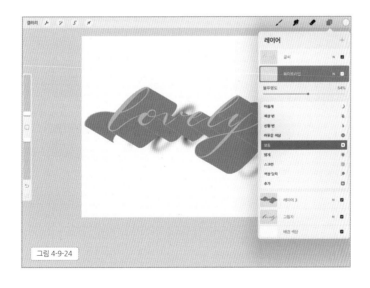

그림 4-9-24

꺾이거나 구분 지어 줄 수 있는 모든 꼭짓점을 연결해서 직선을 다 그리면 형태가 한층 정리된 모습을 보입니다.

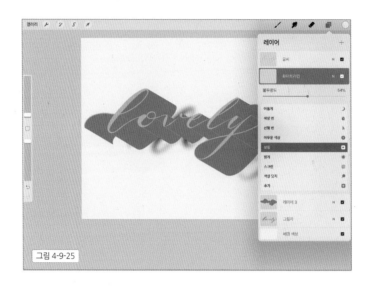

그림 4-9-25

흰색의 라인이 너무 튄다고 생각되면 N 버튼을 눌러서 불투명도를 조절해 줍니다. 이 과정은 생략이 가능합니다.

그림 4-9-26

에어브러시에서 미디엄 브러시를 선택해 줍니다.

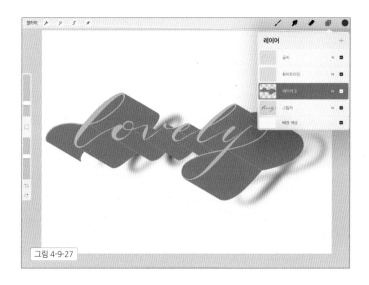

그림 4-9-27

두께 부분의 레이어의 알파 채널 잠금을 설정해 줍니다. 손가락 두 개로 해당 레이어를 슬라이드하거나 레이어 팝업 메뉴에서 알파 채널 잠금을 체크해 줍니다.

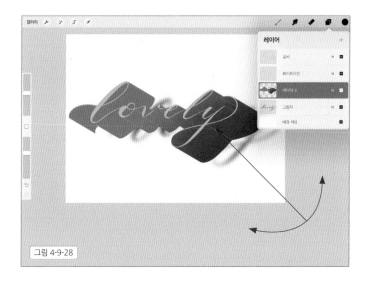

그림 4-9-28

컬러를 두께 레이어와 같은 톤에서 조금 어두운 색으로 설정해 줍니다. 미디엄 브러시를 이용해서 캔버스 밖에서부터 살살 움직이며 안으로 이동해서 자연스러운 그라데이션이 되었다면 원하는 부분에서 멈춰 줍니다.

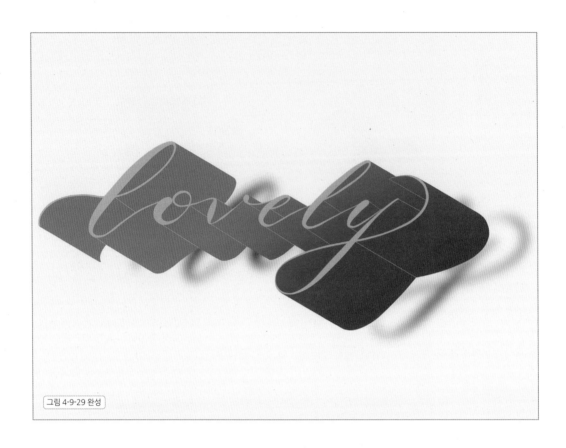

그림 4-9-29 완성

4-10. 3D 효과를 이용한 글씨 쓰기(응용)

그림 4-10-1

새로운 캔버스에서 스크린 크기의 캔버스를 열어 줍니다.

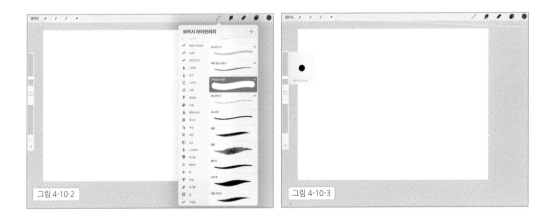

그림 4-10-2

그림 4-10-3

두꺼운 모노라인 브러시를 선택하고 브러시 사이즈를 3%로 설정합니다.

점으로 표현해주세요

정원으로 표현해주세요

그림 4-10-4

점과 정원을 이용해 동글동글한 느낌을 글씨로 표현해 줍니다.

그림 4-10-5

글씨를 중간보다 위쪽으로 이동시켜 줍니다.

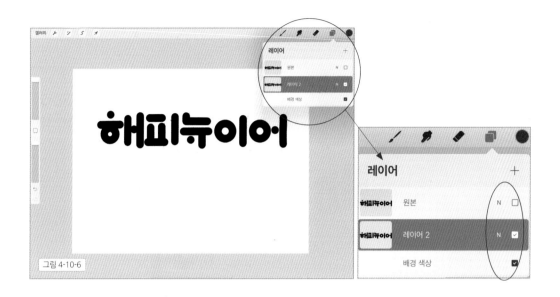

그림 4-10-6

원본은 보관한 채로 글씨 레이어는 하나 복제하고 원본 레이어는 체크 표시를 해제해 줍니다.

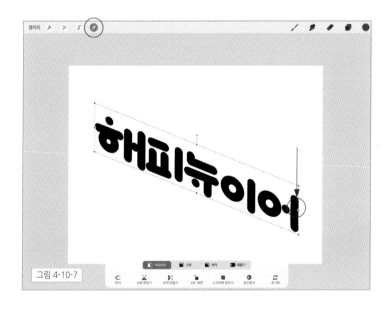

그림 4-10-7

선택 툴을 이용해서 글씨의 각도를 변경해 줍니다. 오른쪽 세로선 가운뎃점을 오래 누르고 수직으로 내려 주면 글씨의 기울기가 균일하게 적용됩니다. 기울기가 적용되었으면 기울기가 적용된 레이어를 복제해 줍니다.

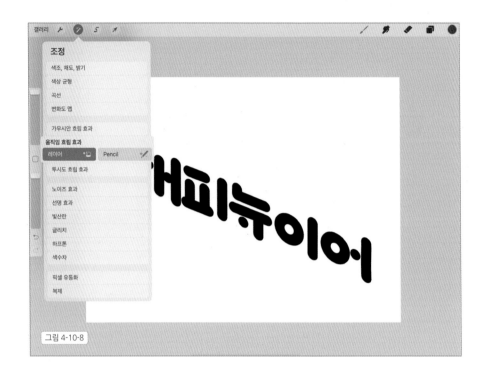

그림 4-10-8

기울기가 적용된 두 개의 레이어 중에 아래 레이어를 활성화해서(파란색 레이어는 활성화된 상태) 움직임 흐림 효과를 눌러 줍니다.

그림 4-10-9

그림 4-10-10

움직임 흐림 효과를 25%만 그림 4-10-10의 방향으로 움직여 줍니다.

그림 4-10-11

움직임 흐림 효과가 적용된 레이어를 터치하면 왼쪽 메뉴 바들이 생깁니다. 메뉴 바에서 선택을
눌러 줍니다.

그림 4-10-12

선택을 누르면 위의 화면처럼 여백에 줄무늬가 생긴 것을 볼 수 있습니다.

그림 4-10-13

움직임 흐림 효과를 준 레이어 위로 + 버튼을 눌러서 새로운 레이어를 생성하고 활성화합니다.

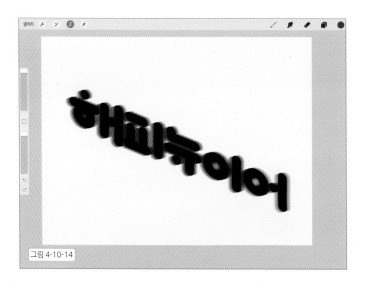

그림 4-10-14

새로운 레이어 위에 두꺼운 모노라인 브러시를 이용해 반복해서 색칠해 줍니다. 색은 추후에 변경할 예정이기에 어떤 색으로 칠해도 무방합니다. 그림 4-10-12처럼 선택이 유지된 상태여야 원하는 부분에만 칠할 수 있습니다.

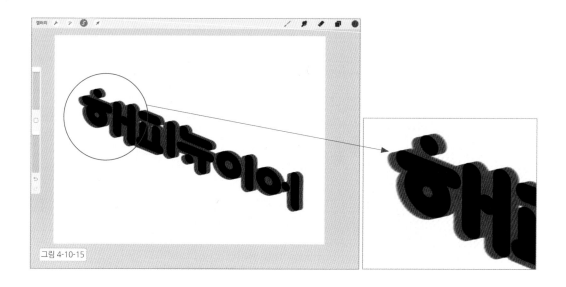

그림 4-10-15

반복해서 칠해도 끝부분이 흐릿한 것을 볼 수 있습니다.

그림 4-10-16

색칠된 레이어를 5~10개로 선명해질 때까지 복제해 복제된 레이어들을 모두 병합해 줍니다. 병합하고 싶은 부분만큼의 첫 번째 레이어와 마지막 레이어를 꼬집듯이 손가락으로 모아 줍니다. 메뉴바에서 아래 레이어와 병합을 눌러 줘도 됩니다. 병합된 레이어는 두께 부분입니다.

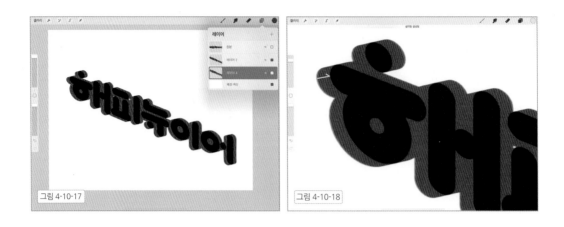

그림 4-10-17

그림 4-10-18

병합해 준 두께 레이어를 이동시켜 줍니다. 핑크의 모서리와 검은색 글씨 레이어의 모서리가 맞도

록 그림 4-10-18의 방향으로 이동시켜 줍니다.

그림 4-10-19

이동시킨 뒤에 모서리들이 잘 맞는지 확인해 입체감이 나는지 확인해 줍니다.

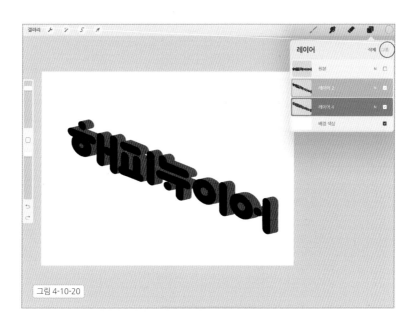

그림 4-10-20

두 개의 레이어를 선택해서 그룹으로 묶어줍니다.

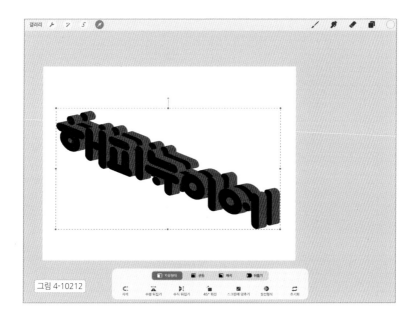

그림 4-10212

그룹을 복제한 후 위치를 이동시켜서 두 개의 동일한 형태의 입체 글씨가 생기는지 확인합니다.

처음 생성한 그룹을 오른쪽에서 왼쪽으로 밀어 보면 복제 버튼이 생깁니다.

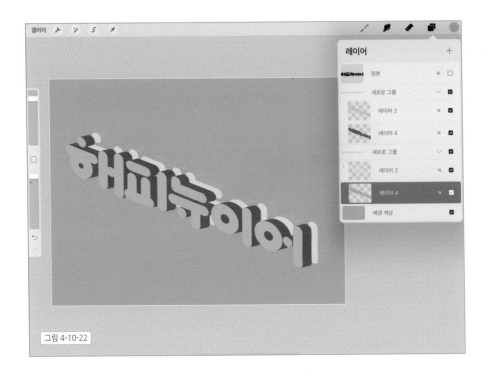

그림 4-10-22

각 레이어의 색을 변경해 줍니다. 색을 변경하고자 하는 모든 레이어에 알파 채널 잠금을 설정해 준 후에 해당 색을 선택해 레이어 채우기를 진행해 줍니다. 이 모든 작업은 레이어를 한 번 터치해서 나오는 메뉴 바에서 할 수 있습니다.

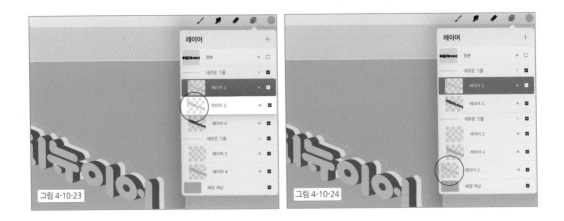

그림 4-10-23   그림 4-10-24

두께가 없는 표면 레이어를 하나 복제해서 배경 색상 레이어 위로 이동시켜 줍니다.

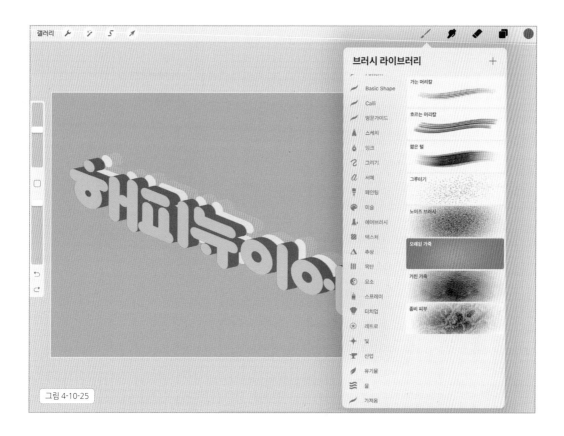

그림 4-10-25

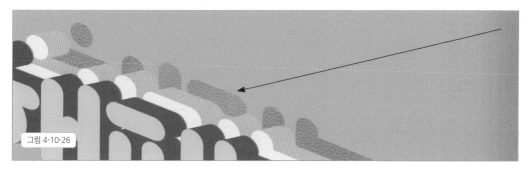

그림 4-10-26

터치업에서 오래된 가죽 브러시를 선택해 줍니다. 배경 색상 위에 있는 글씨 레이어에 가죽의 오돌토돌한 질감이 느껴지도록 칠해 줍니다.

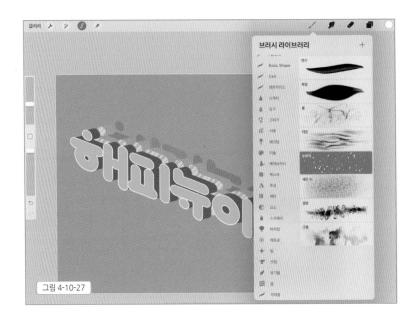

그림 4-10-27

텍스처에서 대각선 브러시를 선택해서 노란색 글씨 위에 줄무늬를 넣어 줍니다.

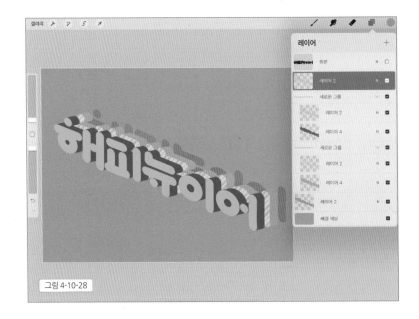

그림 4-10-28

두께가 없는 글씨 레이어를 복제해서 맨 위로 이동시켜 줍니다.

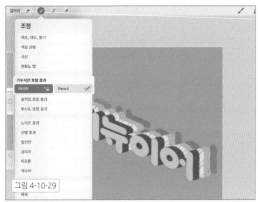

이동시킨 레이어에 가우시안 효과를 3% 적용해 줍니다. 3% 적용이라 효과가 바로 눈에 보이지 않을 수 있으나 3%까지만 적용해 줍니다.

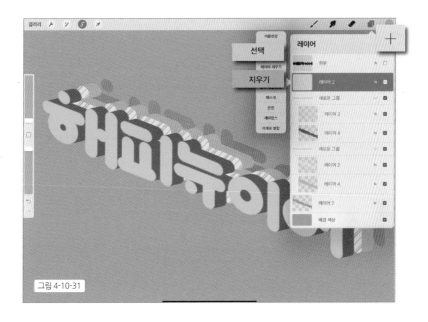

가우시안 흐림 효과 후에 메뉴 바에서 선택 → 새로운 레이어 생성 → 두꺼운 모노라인 브러시를 이용해서 흰색으로 반복 칠하기 → 하늘색 레이어 메뉴 바에서 선택 → 흰색 레이어 메뉴 바에서 지우기를 차례대로 선택합니다.

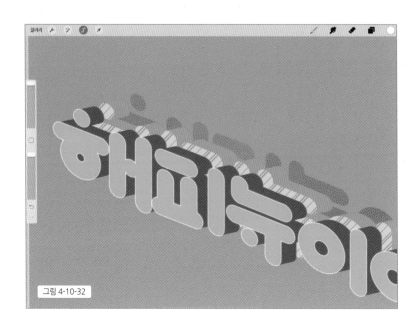

그림 4-10-32

그림 4-10-32의 결과는 이렇게 하얀 테두리가 생기게 됩니다.

그림 4-10-33

흰색 레이어를 선명하게 하기 위해 선명하게 보일 때까지 레이어를 5~10개까지 복사한 후에 레이어들을 합쳐 줍니다.

그림 4-10-34

하늘색 레이어 메뉴 바에서 선택을 눌러 줍니다.

그림 4-10-35

흰색 라인 레이어를 활성화해 줍니다.

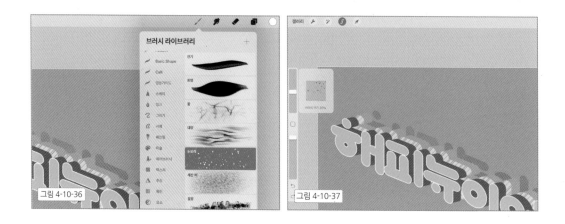

그림 4-10-36   그림 4-10-37

요소에서 눈보라 브러시 사이즈 30%를 이용해 칠해 줍니다.

그림 4-10-38

라인 안에 흰색 무늬가 칠해진 것이 보일 것입니다.

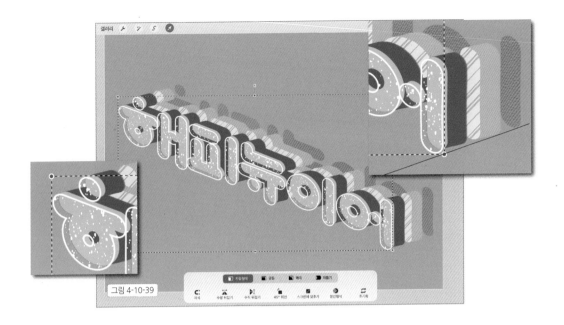

그림 4-10-39

맨 앞의 흰색 레이어의 위치를 앞으로 당겨 줍니다. 각 레이어가 같은 선상에 같은 기울기로 있는지 확인해 줍니다.

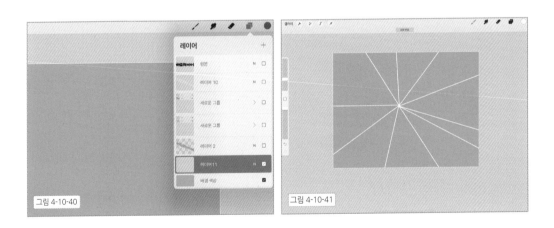

그림 4-10-40

그림 4-10-41

작업할 글씨 레이어들의 체크 박스들을 해제해 주고 배경 색상 위에 새로운 레이어를 만들어 줍니다. 새로 만든 레이어에 그림 4-10-41과 같은 라인을 그려 줍니다. 가운뎃점은 어차피 글씨 뒤에 가려지게 될 것이므로 꼭 한 점에서 정교하게 모이지 않아도 괜찮습니다.

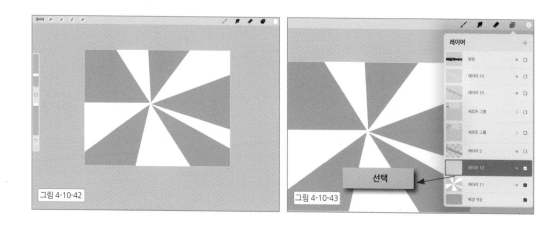

그림 4-10-42

그림 4-10-43

색을 채워 준 뒤 레이어 위에 새로운 레이어를 생성해 하얀 삼각형들이 칠해져 있는 레이어 메뉴
바에서 선택을 눌러 줍니다.

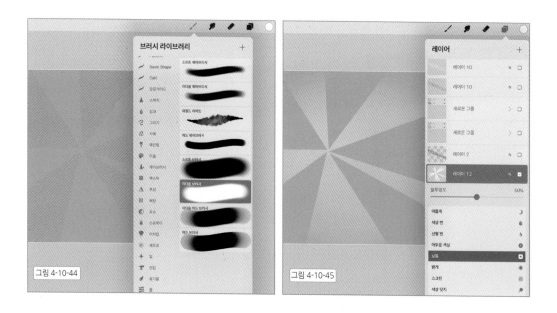

그림 4-10-44

그림 4-10-45

에어브러시에서 미디엄 브러시를 선택해 줍니다. 안쪽부터 밖으로 나갈수록 흐려지게 그라데이
션기법으로 채색한 후에 해당 레이어의 불투명도를 조절해 줍니다.

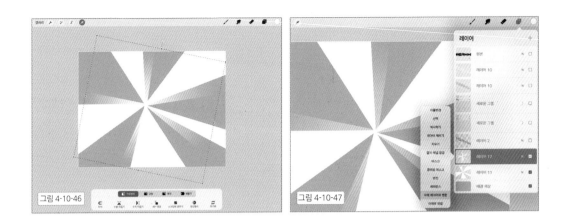

그림 4-10-46 그림 4-10-47

이동 툴을 이용해서 어긋나게 돌려준 후에 두 개 레이어를 병합해 줍니다.

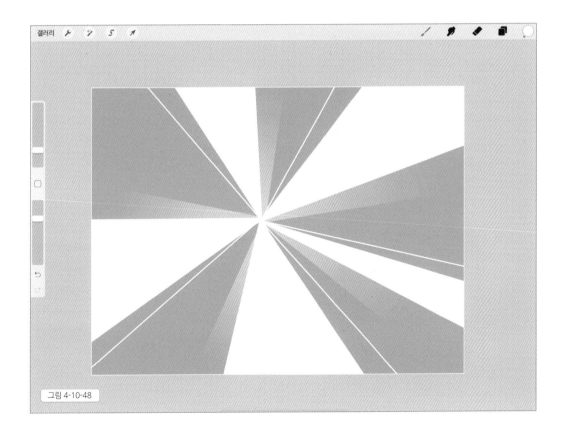

그림 4-10-48

모노라인 브러시를 이용해서 직선들을 추가로 넣어서 표현해 줍니다.

그림 4-10-49

라이트 브러시를 이용해서 직선 위에 다양한 크기의 원을 그려 줍니다. 글씨 레이어들의 박스를 다시 체크하고 맨 아래에 새로운 레이어를 하나 생성해 줍니다.

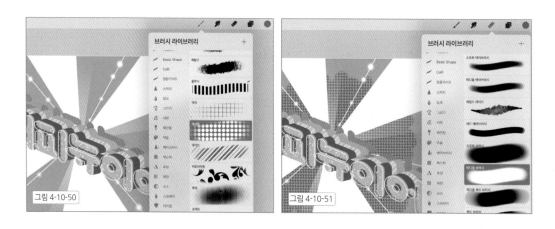

그림 4-10-50   그림 4-10-51

텍스처에 데시멀을 이용해 가운데 부분을 칠해 줍니다. 지우개에서 미디엄 브러시를 이용해서 가장자리를 자연스럽게 지워 줍니다.

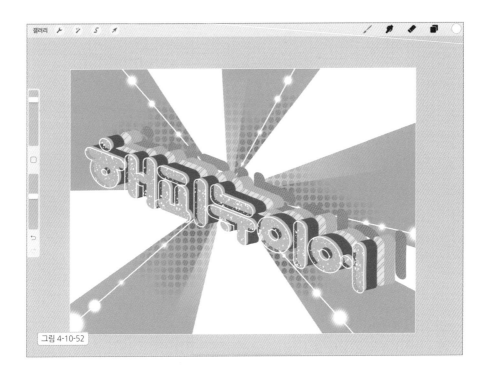

그림 4-10-52

배경의 도트 무늬가 자연스럽게 완성되었습니다.

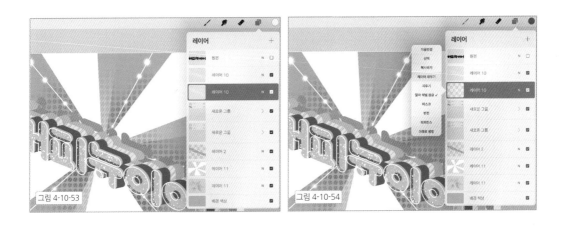

그림 4-10-53

그림 4-10-54

원본을 제외한 맨 위의 흰색 라인 글씨 레이어를 복제해 줍니다. 두 개 레이어 중 아래 레이어에

알파 채널 잠금을 설정하고 진한 파란색과 같은 색으로 레이어 채우기를 진행해 줍니다.

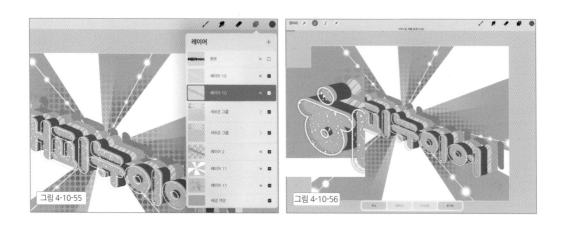

그림 4-10-55

그림 4-10-56

알파 채널 잠금을 해제한 후에 가우시안 흐림 효과를 3.5%만 적용해 줍니다.

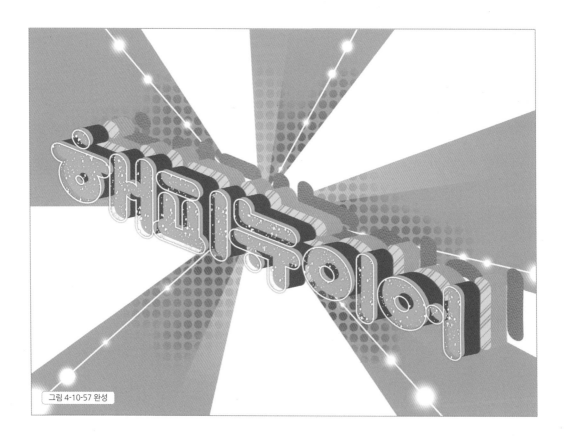

그림 4-10-57 완성

4-11. 클리핑 마스크 효과를 이용한 글씨 쓰기

그림 4-11-1

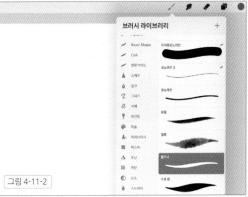

그림 4-11-2

새로운 캔버스에서 스크린 크기로 열어 준 후에 서예에서 줄무늬 브러시를 선택해 줍니다.

그림 4-11-3

동작에서 사진 삽입하기를 눌러서 사진을 하나 삽입해 줍니다. 단순하지 않은 사진도 괜찮습니다.

필자는 unsplash에서 받은 사진으로 작업합니다.

그림 4-11-4   그림 4-11-5

불러온 사진을 복제해 2개의 동일한 레이어를 만들어 줍니다. 브러시가 줄무늬 브러시인지 확인
해 줍니다. 꼭 줄무늬 브러시가 아니어도 되지만 섬세하게 표현되는 느낌을 좋아하는 분들은 이
작업에서는 줄무늬 브러시를 사용해 줍니다.

그림 4-11-6

+ 버튼을 눌러서 맨 위의 새로운 레이어를 열어 줍니다.

그림 4-11-7

원하는 문장을 써 줍니다.

그림 4-11-8

적절한 위치로 옮겨 줍니다. 필자는 일부러 햇살이 부서지는 위치에 글씨를 옮겨 놓았습니다.

그림 4-11-9

글씨 레이어를 사진 레이어들 사이로 옮겨 줍니다.

그림 4-11-10

글씨 레이어를 위에 있는 사진 레이어의 메뉴 바에서 클리핑 마스크로 눌러 줍니다. 클리핑 마스크를 눌러도 캔버스에서는 변화가 뚜렷하게 보이지 않기 때문에 당황하지 않도록 합니다.

그림 4-11-11

클리핑 마스크가 씌워지면 아래로 향하는 화살표가 생기게 됩니다. 글씨 레이어의 N 버튼을 눌러서 블렌딩 모드를 선형 번으로 선택하면 글씨가 보이게 됩니다. 그때 투명도를 80%로 조절해줍니다.

그림 4-11-12

글씨를 다른 위치로 이동시켜 어떤 변화가 있는지 살펴봅니다.

그림 4-11-13

그림 4-11-14

클리핑 마스크가 적용된 상태에서 글씨 레이어를 이동시켰을 때 차이점이 보일 겁니다. 자리를 이동해도 원본 사진이 변화되지 않고 원본 사진을 그대로 유지하면서 변한다는 점입니다. 같은 글씨 부분이라도 사진의 햇볕이 들어오는 모양에 따라 변화하는 것이 보일 것입니다. 쉽게 생각하면 글씨 레이어에 사진 레이어의 포장지를 입히고, 글씨 레이어를 원하는 모양이 있는 포장지 부분으로 감싼다고 생각합니다.

그림 4-11-15 완성

조금 단순한 모양으로 다시 한 번 해 보겠습니다.

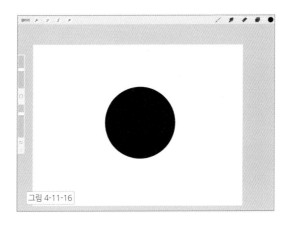

그림 4-11-16

큰 원을 하나 그려 줍니다. 앞에서 연습했던 글씨 레이어에 해당합니다.

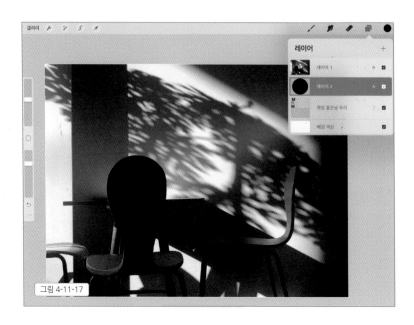

그림 4-11-17

원이 그려진 레이어 위로 사진 레이어를 불러와 줍니다.

그림 4-11-18

사진 레이어의 메뉴 바에서 클리핑 마스크를 눌러 줍니다.

그림 4-11-19

클리핑 마스크가 적용되면 아래 동그라미 영역만큼 사진이 보이게 됩니다. 이전의 예시에서는 글자 레이어에 해당하는 동그라미 레이어 아래에 동일한 사진이 있었기 때문에 흰색 배경은 나타나지 않았습니다.

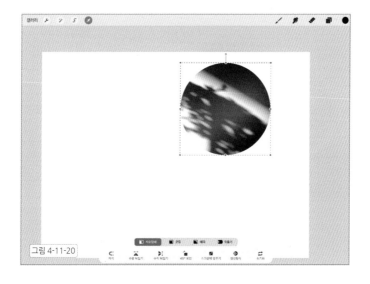

그림 4-11-20

원형이 그려진 레이어가 활성화된 상태에서 원의 위치를 이동해 보면 사진의 다른 부분이 보이는 것을 알 수 있습니다. 사진 레이어가 아닌 원형 레이어를 이동시켜야 합니다.

그림 4-11-21

원형이 추가되면 원이 그려진 부분마다 사진이 보이게 됩니다.

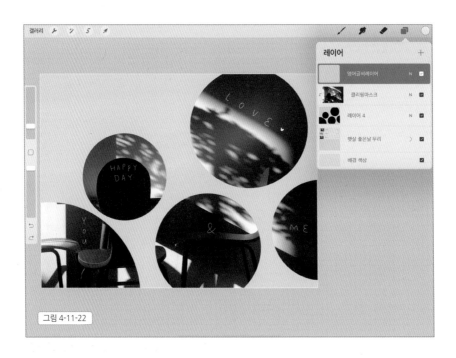

그림 4-11-22

사진이 입혀진 각 동그라미 위에 간단하게 글씨를 써 주면 웹 다이어리용 스티커로 활용하기에 매우 편리합니다.

그림 4-11-23 완성

4-12. 클리핑 마스크와 3D 효과를 이용한 글씨 쓰기(응용)

그림 4-12-1   그림 4-12-2

새로운 캔버스에서 스크린 크기를 열어 줍니다. 동작에서 그리기 가이드를 활성화한 후에 편집 그리기 가이드를 눌러 줍니다.

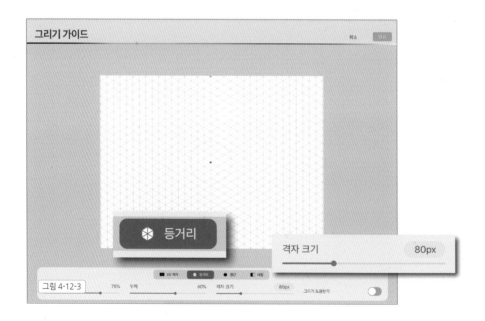

그림 4-12-3

등거리를 선택하고 격자 크기를 80px로 맞춘 후에 완료를 눌러 줍니다.

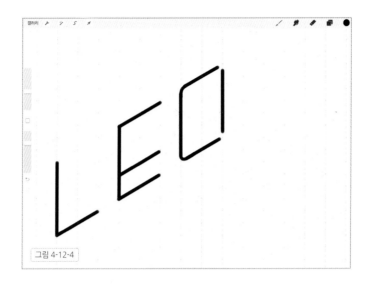

그림 4-12-4

가로 2칸, 세로 3칸에 맞춰서 글씨를 적어 줍니다. 직선을 그은 상태에서 펜슬을 화면에서 떼지 않고 있으면 예쁜 선을 그릴 수 있습니다. 둥근 모서리 부분들은 직선을 끝까지 그리지 않은 상태에서 모서리를 완만하게 표현해 줍니다.

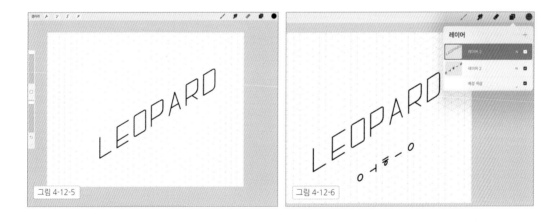

그림 4-12-5   그림 4-12-6

LEOPARD라는 글자 아래로 레이어를 생성해 한글로 '어흥'이라고 썼습니다. '어흥'이라는 의성어가 별로 마음에 들지 않는다면 다른 단어를 써도 좋습니다. 한글을 쓸 때도 기울기를 맞춰서 써 줍니다.

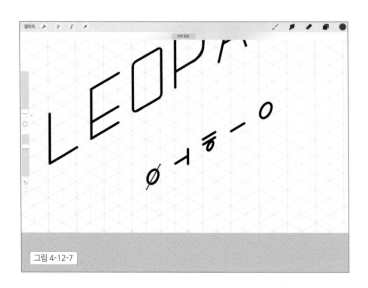

그림 4-12-7

한글에서 가로나 세로선은 보조선에 맞춰서 쓰면 어렵지 않지만 원의 경우에는 어려울 수가 있습니다. 그림 4-12-7처럼 빨간색 대각선에 맞춰서 양옆이 대칭되도록 그리면 됩니다.

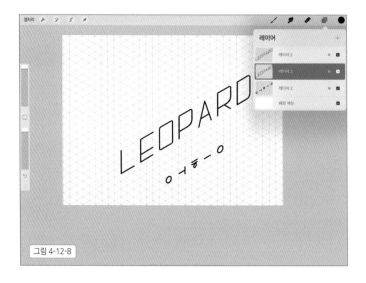

그림 4-12-8

주가 되는 큰 글씨의 레이어를 복제해 줍니다. 복제하려는 레이어를 오른쪽에서 왼쪽으로 슬라이드해 주면 복제 버튼이 나옵니다.

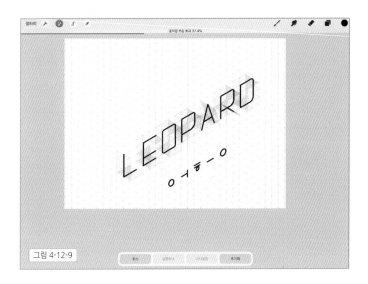

그림 4-12-9

복제 후에 아래에 있는 레이어의 움직임 흐림 효과를 원하는 만큼 설정해 줍니다. 필자는 37% 정도로 설정하였습니다.

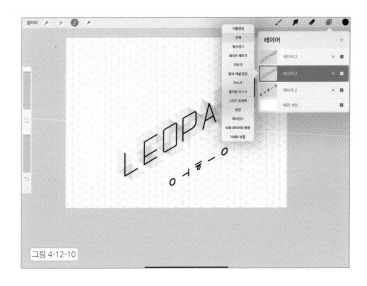

그림 4-12-10

움직임 흐림 효과가 적용된 레이어 메뉴 바에서(레이어를 한 번 터치하면 메뉴 바가 생깁니다.) **선택**을 눌러 줍니다. 움직임 흐림 효과가 적용된 것만큼 글씨의 두께가 됩니다.

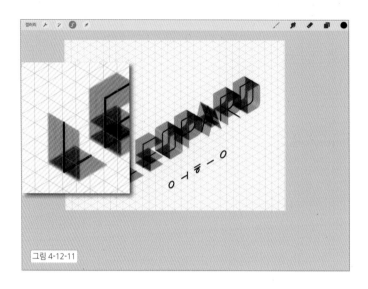

그림 4-12-11

배경에 꼭 빗금이 있는지(글자만 선택 중이라는 뜻) 확인 후에 모노라인 브러시로 반복해서 칠해 줍니다. 조금 선명해지지만 반투명 상태처럼 됩니다.

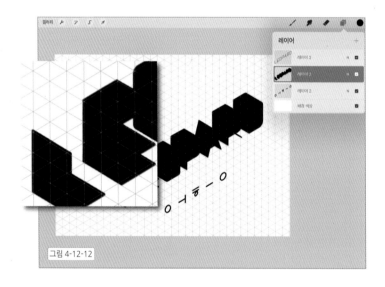

그림 4-12-12

그림 4-12-11 상태의 레이어를 5~10개(필요하다면 더 많이) 복제해 줍니다. 복제해서 선명해졌다면 복제한 레이어들을 모두 병합해 줍니다. 여러 개를 병합할 때 복제하고 싶은 레이어들의 첫 번째 레이어와 마지막 레이어를 동시에 가운데로 모아 줍니다. 가장자리가 선명해지면 병합해 주면 됩니다.

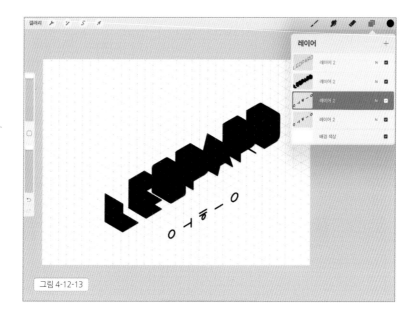

그림 4-12-13

한글 레이어를 복제해 줍니다. 위의 영어 레이어와 동일한 과정을 반복해 줍니다.

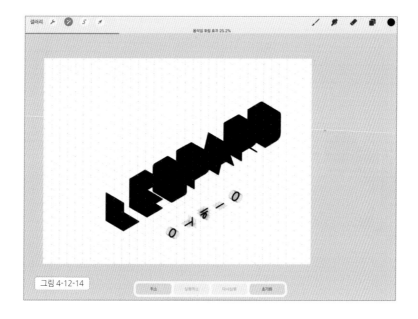

그림 4-12-14

복제된 레이어(아래 레이어)에 움직임 흐림 효과를 적용해 줍니다. 여기서는 25.2%로 적용하였습니다. 위 글씨보다 크기가 작기 때문에 움직임 흐림 효과도 조금 적게 적용하였습니다.

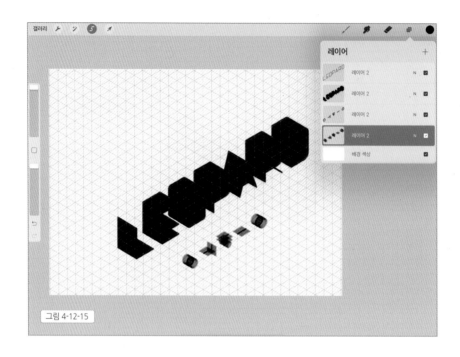

그림 4-12-15

레이어를 선택해서 두꺼운 모노라인 브러시로 칠해 줍니다.

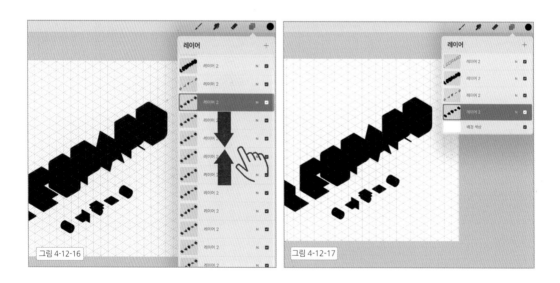

그림 4-12-16

그림 4-12-17

움직임 흐림 효과를 적용해 준 레이어 5~10개(필요에 따라 더 많이 해도 됨)를 복제해 줍니다. 복제한 모든 레이어를 병합해 주는 과정까지 해 줍니다.

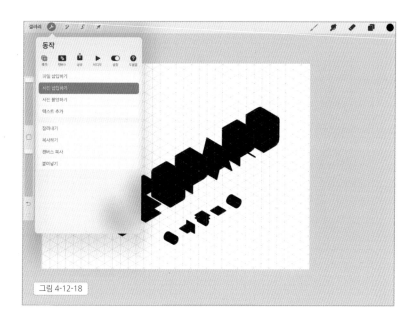

그림 4-12-18

동작에서 사진 삽입하기를 눌러 줍니다.

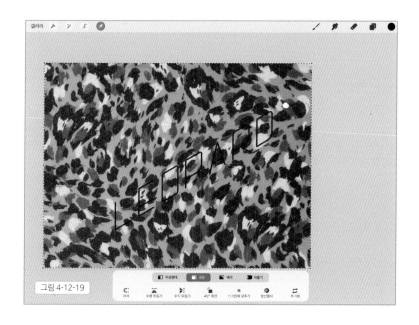

그림 4-12-19

불러온 사진을 스크린 크기에 맞춰 줍니다. 필자는 호피 무늬 사진을 불러왔습니다. 자신의 글씨 느낌과 어울리는 사진을 고르면 됩니다.

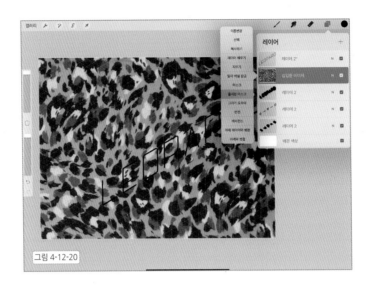

그림 4-12-20

사진 레이어의 위치가 글씨 레이어와 두께 레이어 사이인지 확인한 후에 메뉴 바에서 클리핑 마스크를 눌러 줍니다.

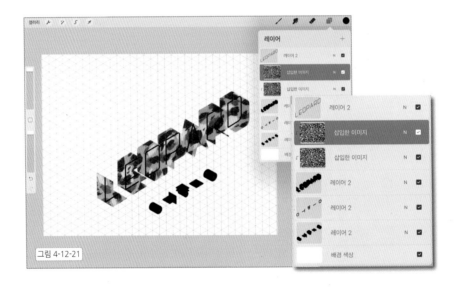

그림 4-12-21

클리핑 마스크가 제대로 적용되었다면 두께에 해당하는 부분에만 사진의 패턴이 보이게 됩니다. 사진 레이어를 복제해 줍니다.

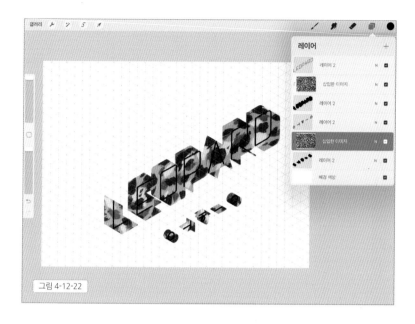

그림 4-12-22

복제한 사진 레이어를 한글 레이어와 두께 레이어 사이로 옮긴 후 다시 클리핑 마스크를 설정해
줍니다.

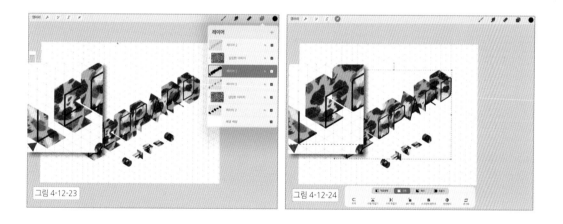

그림 4-12-23

그림 4-12-24

영어 두께 부분의 레이어가 활성화된 상태에서 왼쪽 상단의 이동 툴을 눌러서 레이어의 모서리가
만나도록 이동시켜 줍니다.

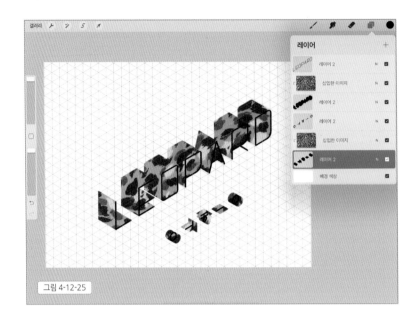

그림 4-12-25

앞의 과정과 동일하게 두께 부분을 활성화해 줍니다.

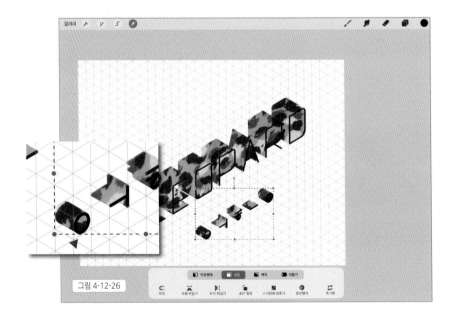

그림 4-12-26

앞의 과정과 동일하게 두께 부분을 활성화해 줍니다. 왼쪽 상단의 이동 툴을 눌러서 레이어의 모서리가 만나도록 이동시켜 줍니다.

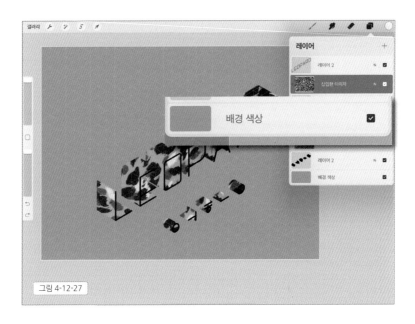

그림 4-12-27

배경 색상을 변경해 줍니다.

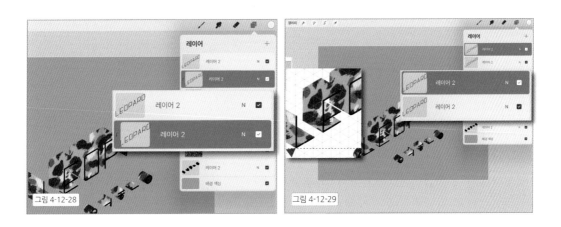

그림 4-12-28

그림 4-12-29

맨 위의 글씨 레이어를 복제해 줍니다. 복제와 동시에 클리핑 마스크가 동시에 적용되므로 클리핑
마스크는 꼭 해제해 줍니다. 클리핑 마스크 해제 후에 영문 두께 레이어 아래로 레이어 위치를 이
동시켜 줍니다.

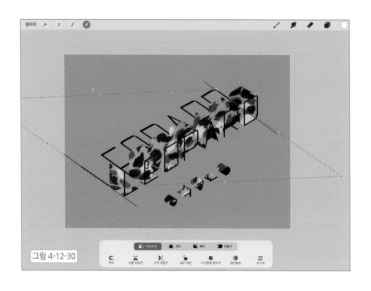

그림 4-12-30

레이어 위치 변경 후에 왼쪽 상단 이동 / 변형 툴을 이용해서 누워 있는 형태로 각도를 맞춰 줍니다. (자유 형태를 선택한 상태에서만 가능합니다.) 그림자를 변형할 때 세로의 길이는 조금 더 길어지게 변형시켜 줍니다. 각도와 가로의 폭이 더 커지지 않도록 신경 써줍니다.

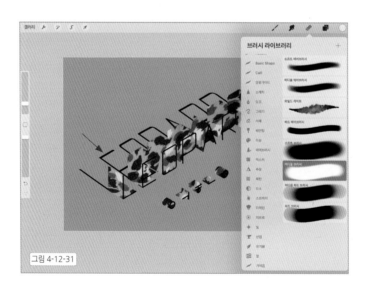

그림 4-12-31

지우개 브러시에서 에어브러시 → 미디엄 브러시를 선택해 줍니다. 그림자 부분의 끝부분이 점점 흐릿해지도록 살살 지워 줍니다.

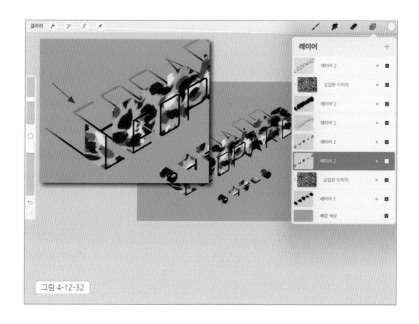

그림 4-12-32

그림자가 흐릿해진 것이 보일 것입니다. 아래 한글 레이어도 동일한 방법으로 그림자를 만들어 줍니다. 먼저 레이어를 복제해 줍니다.

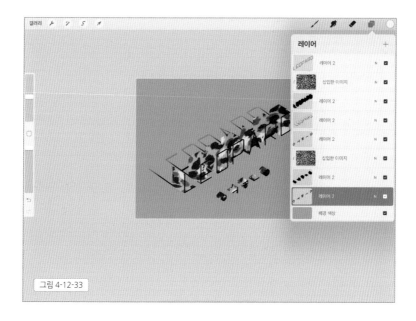

그림 4-12-33

복제한 레이어를 두께 레이어 아래로 보내 줍니다.

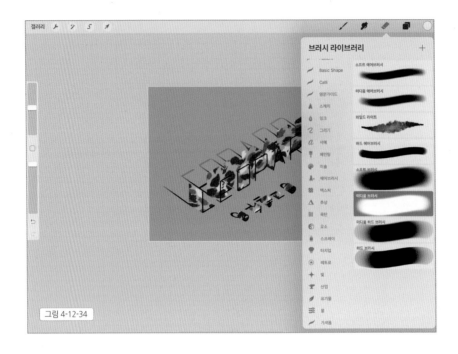

그림 4-12-34

지우개의 에어브러시 → 미디엄 브러시에서 그림자의 끝부분을 흐릿하게 지워 줍니다.

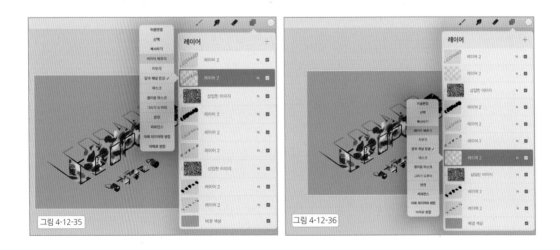

그림 4-12-35

그림 4-12-36

라인으로 된 글씨 레이어를 복제한 후에 알파 채널을 설정해 레이어 채우기로 컬러를 흰색으로 변경해 줍니다. (이때 컬러가 흰색으로 설정되어 있어야 합니다.) 아래 한글 라인으로 된 글씨 레이어도 동일한 작업을 진행해 흰색으로 색을 변경해 줍니다.

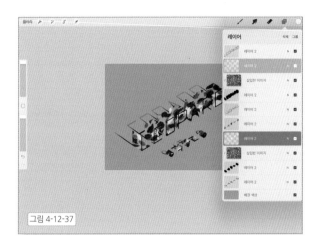

그림 4-12-37

흰색으로 변경된 라인 레이어들을 동시에 선택해 줍니다. 하나가 활성화(파란색)된 상태에서 동시에 선택하고 싶은 레이어를 왼쪽에서 오른쪽으로 손가락 하나만 이용해 슬라이드해 줍니다. 그럼 위의 사진처럼 파란 레이어가 두 개 생기게 됩니다. 다중 레이어를 선택하는 이 방법은 2개 이상도 가능합니다.

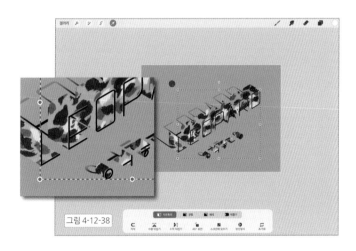

그림 4-12-38

두 개의 레이어가 동시에 활성화된 상태에서 이동 툴을 이용해서 왼쪽 상단으로 살짝 이동시켜 얇은 라인만 보이도록 해 줍니다. 섬세하게 움직이기 어렵다면 위에 점이 있는 부분을 톡톡 두드려 줍니다. 아주 세밀하게 이동시킬 수 있습니다.

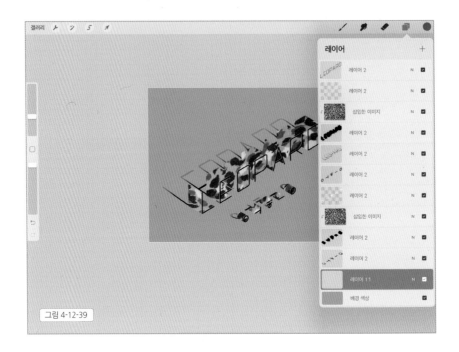

그림 4-12-39

맨 아래에 새로운 레이어를 생성해 줍니다.

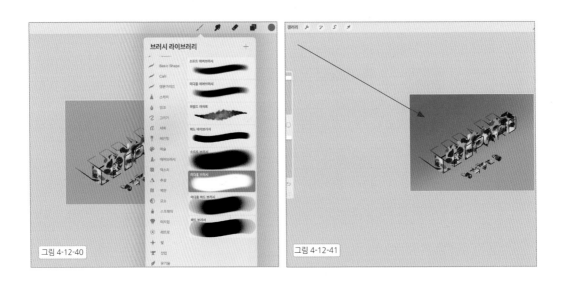

그림 4-12-40

그림 4-12-41

에어브러시에서 미디엄 브러시를 선택해 줍니다. 진한 파란색을 이용해서 캔버스에서 멀리 있는
배경에서 시작해서 화살표 방향으로 그라데이션효과를 이용해 어두운 부분을 살살 칠해 줍니다.

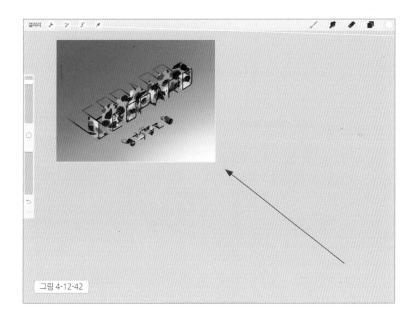

그림 4-12-42

흰색을 이용해 반대편 모서리엔 밝은 부분을 표현하는 그라데이션 작업을 해 줍니다.

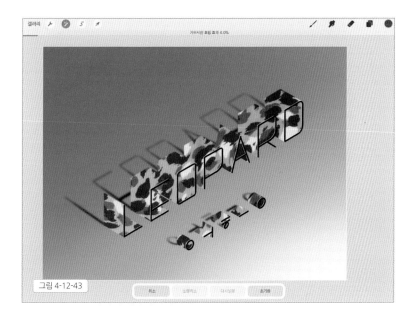

그림 4-12-43

끝내기 전에 그림자가 너무 선명한 것 같아서 그림자 레이어들에게 모두 가우시안 흐림 효과를 살짝(4%) 설정해 주었습니다.

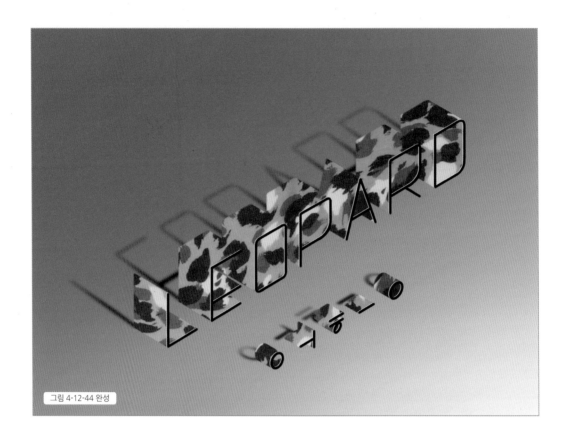

그림 4-12-44 완성

4-13. 도장 브러시를 이용한 낙관 만들기

그림 4-13-1

새로운 캔버스에서 사각형의 캔버스를 열어 줍니다.

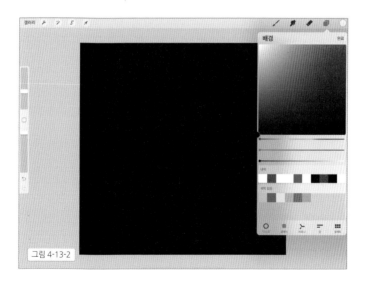

그림 4-13-2

배경 색상을 검은색으로 변경해 줍니다.

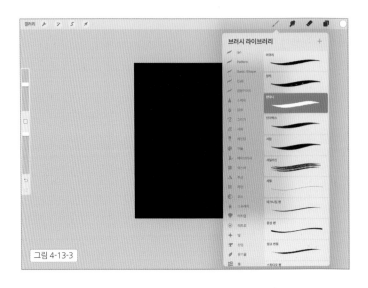

그림 4-13-3

브러시에서 잉크 → 판디니 브러시를 선택해 줍니다. 개인적으로 화선지 질감이 난다고 느껴져서
사용하지만 다른 브러시를 대신 써도 괜찮습니다. 다른 브러시를 사용해도 낙관을 만드는 방법은
동일합니다.

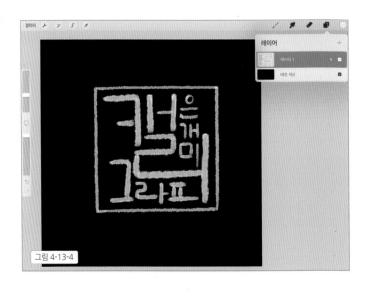

그림 4-13-4

꼭 흰색으로 낙관을 디자인해 줍니다. 간단히 이름만 써도 좋습니다. 작업 시 흰색 부분이 색으로
표현될 부분이고 검은색 부분은 보이지 않는 부분이라고 생각하고 디자인해 줍니다.

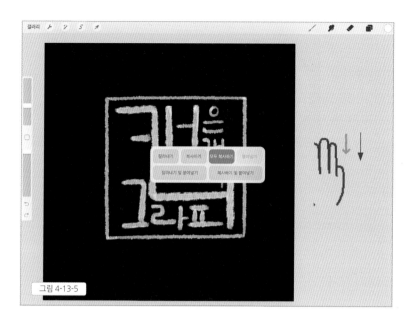

그림 4-13-5

손가락 세 개를 아래로 쓸어내려 뜨는 팝업창에서 모두 복사하기를 눌러 줍니다.

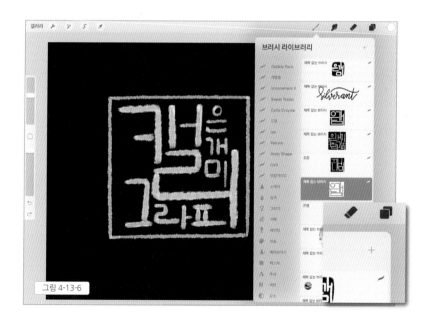

그림 4-13-6

브러시를 눌러 오른쪽 상단에 + 버튼을 눌러 줍니다.

그림 4-13-7

브러시 스튜디오 메뉴의 모양에서 모양 소스 오른쪽 편집 버튼을 눌러 줍니다.

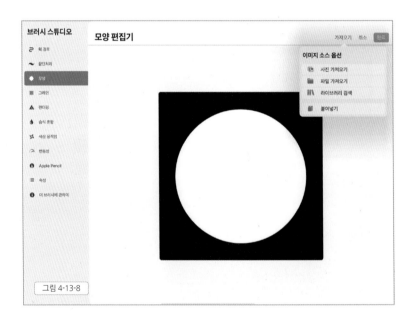

그림 4-13-8

모양 편집기 화면에서 가져오기를 누르고 맨 아래 붙여넣기를 눌러 줍니다.

그림 4-13-9

앞서 작업한 낙관의 디자인이 삽입된 것을 볼 수 있습니다. 꼭 완료 버튼을 눌러 줍니다.

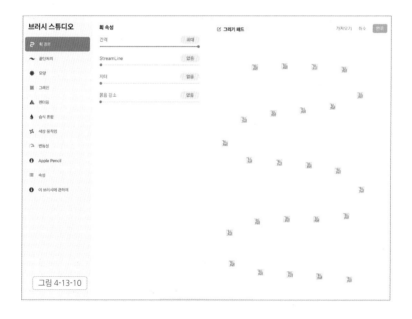

그림 4-13-10

지금부터는 필자와 똑같이 설정해 줘야 합니다. 먼저 획 경로에서 간격을 최대로 해 줍니다.

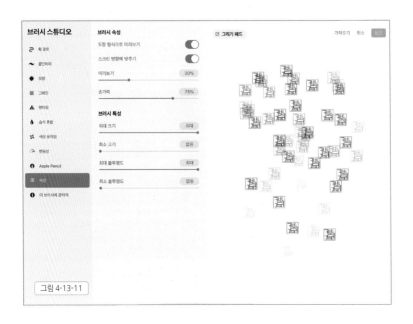

그림 4-13-11

속성에서 도장 형식으로 미리보기 활성화 / 스크린 방향에 맞추기 활성화 / 미리보기 10%(위의 그림에서는 30이라고 되어 있지만 추후에 10%로 바꿨습니다. 뒤에 추가 설명 있습니다.) / 브러시 크기 최대 / 최소 크기 없음 / 최대 불투명도 최대 / 최소 불투명도 없음으로 설정합니다.

이렇게 설정했지만 브러시의 투명도가 흐린 것부터 진한 것까지 나타납니다.

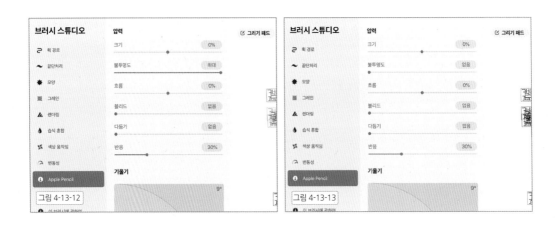

그림 4-13-12   그림 4-13-13

애플 펜슬에서 압력 부분의 불투명도를 없음으로 해 줍니다.

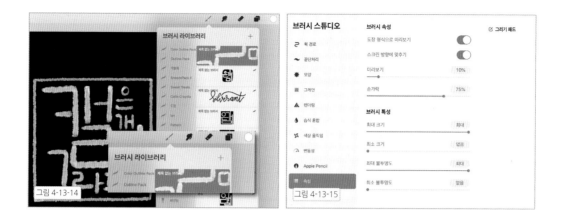

그림 4-13-14

그림 4-13-15

처음 미리보기를 30%로 했더니 미리보기 크기가 너무 커서 어떤 브러시인지 정확하게 형태를 알 수가 없어서 미리보기를 10%로 설정하였습니다. 이게 처음에 10%로 설정하는 이유였습니다.

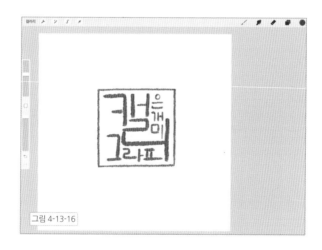

그림 4-13-16

새로 만든 낙관 브러시를 빨간색을 이용해서 찍어 보니 그럴듯한 낙관 디자인이 나왔습니다. 여기 까지 양각 브러시를 만드는 방법이었고 음각 브러시를 만들어 보겠습니다.

- 양각: 평평한 면에 글자나 그림 등의 모티브가 도드라지게 새기는 것으로 글씨 부분에 색이 입혀지게 됩니다.
- 음각: 모티브를 배경보다 깊게 새겨 넣어 모티브 부분은 색이 입혀지지 않고 배경 부분에 색 이 입혀지게 됩니다.

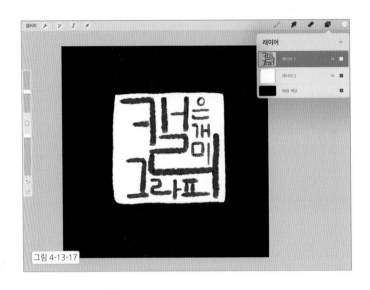

그림 4-13-17

음각 브러시를 표현하기 위해서 테두리가 없이 디자인해 줍니다. 글씨 아래 새로운 레이어를 추가해서 흰색으로 낙관의 영역을 지정해 줍니다.

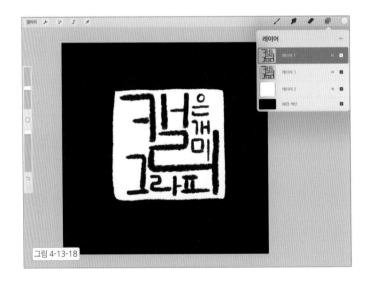

그림 4-13-18

판다니 브러시가 흐리다고 판단하여 동일 레이어를 복제해 줍니다. 검은색이 아닌 회색으로 표현될 경우 낙관이 깨끗하게 나오지 않고 회색 부분도 색이 연하게 표현됩니다.

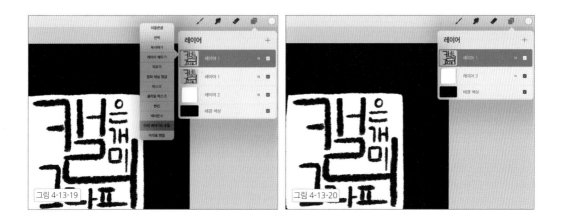

글씨 레이어 두 개를 병합해 줍니다.

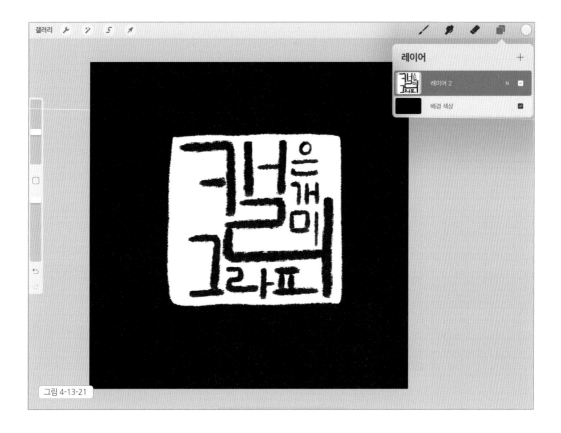

글씨 레이어와 흰색의 낙관 영역의 레이어를 합쳐 줍니다. (생략 가능)

그림 4-13-22

손가락 세 개를 이용해서 뒤에서 아래로 쓸어내려 뜨는 팝업창에서 모두 복사하기를 눌러 줍니다.

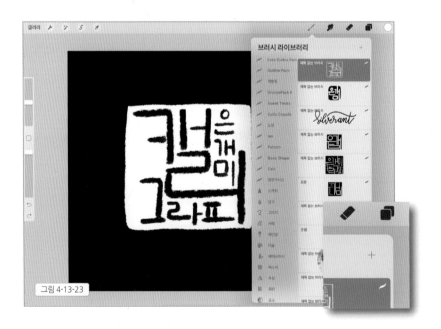

그림 4-13-23

브러시 라이브러리 오른쪽의 + 버튼을 눌러 줍니다.

그림 4-13-24

브러시 스튜디오 메뉴의 모양에서 모양 소스 오른쪽의 편집 버튼을 눌러 줍니다.

그림 4-13-25

모양 편집기 화면에서 가져오기를 눌러 줍니다.

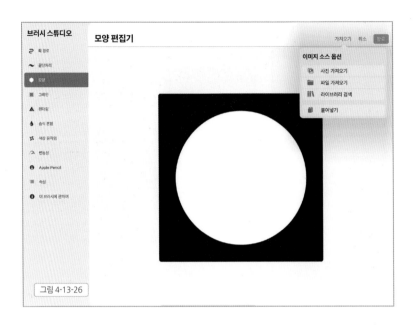

그림 4-13-26

맨 아래 붙여넣기를 눌러 줍니다.

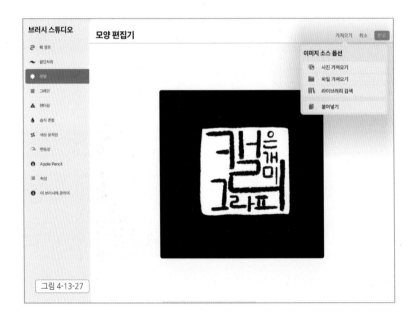

그림 4-13-27

앞서 작업한 낙관의 디자인이 삽입된 것을 볼 수 있습니다. 꼭 완료 버튼을 눌러 줍니다.

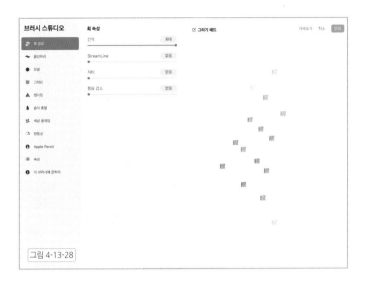

그림 4-13-28

지금부터는 필자와 똑같이 설정해 줘야 합니다. 먼저 획 경로에서 간격을 최대로 해 줍니다.

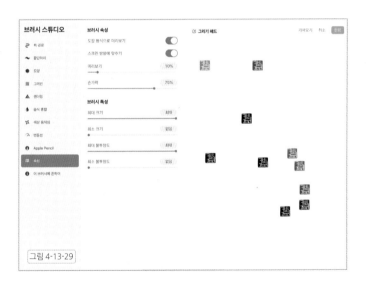

그림 4-13-29

속성에서 도장 형식으로 미리보기 활성화 / 스크린 방향에 맞추기 활성화 / 미리보기 10% / 브러시 크기 최대 / 최소 크기 없음 / 최대 불투명도 최대 / 최소 불투명도 없음으로 설정합니다.
브러시의 투명도가 흐린 것부터 진한 것까지 나타납니다.

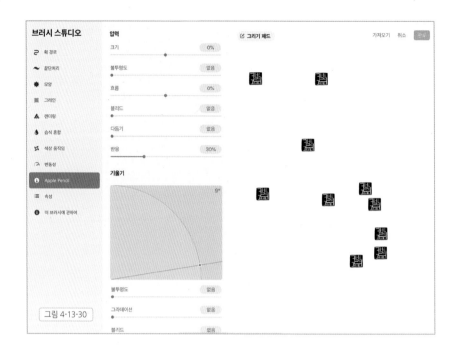

그림 4-13-30

애플 펜슬에서 압력 부분의 불투명도를 없음으로 해 줍니다.

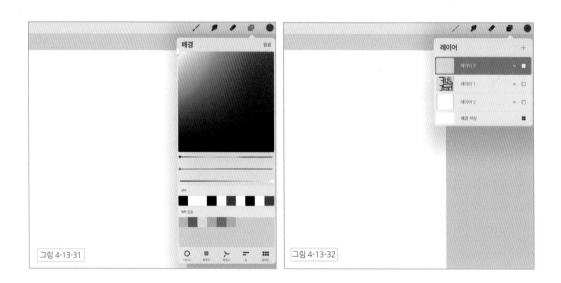

그림 4-13-31

그림 4-13-32

배경 색상을 흰색으로 바꾸고 새로운 레이어를 열어 줍니다.

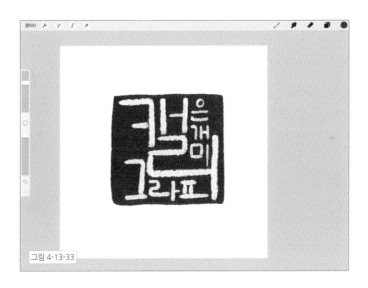

그림 4-13-33

빨간색을 이용해서 배경에 컬러가 입혀진 음각 브러시가 완성되었습니다. 필자는 종이 질감 위에 찍을 때 자연스러우리라 생각해 가운데 조금 남아 있는 컬러감을 표현했지만 글씨 부분에 어떠한 색도 입혀지지 않길 바란다면 그림 4-13-18에서 글씨를 더 많이 복제해 주면 됩니다.

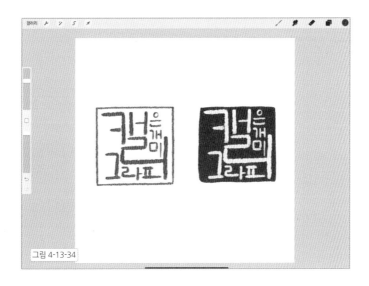

그림 4-13-34

양각과 음각 브러시를 나란히 찍어 놓으니 차이가 확실히 보입니다. (왼쪽 - 양각 / 오른쪽 - 음각)

도장 브러시 응용

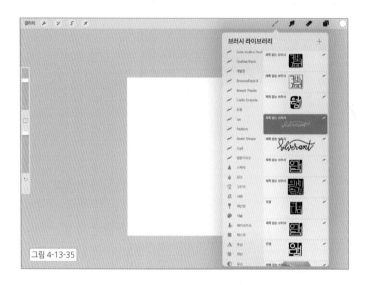

그림 4-13-35

도장 브러시는 디자인 과정에서 흰색 부분이 색으로 표현될 부분이고 검은색 부분은 보이지 않는 부분이라는 것만 정확하게 기억해 준다면 네모 형태가 아닌 글씨도 도장으로 만들 수 있습니다.

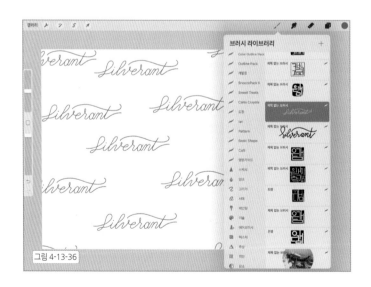

그림 4-13-36

영문으로 서명을 도장 브러시로 만들어 놓고 종종 사용합니다. 이렇게 응용해 보면 좋습니다.

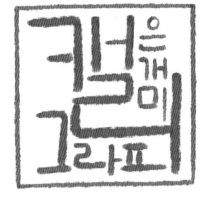 

4-14. 네온사인 효과로 글씨 쓰기

그림 4-14-1

그림 4-14-2

새로운 캔버스에서 스크린 크기를 열어 줍니다. 동작에서 사진 불러오기를 해 줍니다. 미리 벽돌로 된 벽 이미지를 다운받아 줍니다. 무료 고화질 이미지 받는 방법은 '4.1. 그림자 효과를 이용한 사진 위에 글씨 쓰기' 뒤쪽에 설명되어 있습니다.

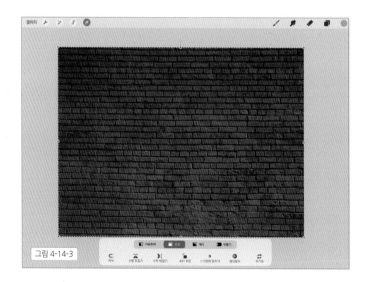

그림 4-14-3

불러온 이미지를 스크린 크기에 맞춰 줍니다.

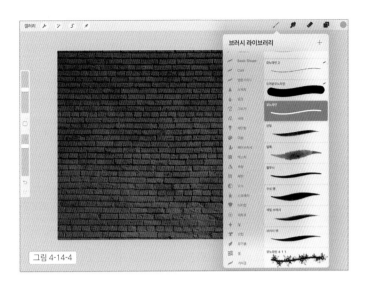

그림 4-14-4

모노라인 브러시를 선택해 줍니다. 네온사인은 두께 조절이 없으므로 모노라인 브러시를 이용하는

것이 가장 좋습니다.

그림 4-14-5

벽돌 이미지 레이어 위에 새로운 레이어를 생성해서 글씨를 써 줍니다. '별이 빛나는 밤'이라는 문

구에 어울리는 별이나 달 등의 간단한 일러스트를 넣어도 좋습니다.

그림 4-14-6

사진 레이어를 활성화해 줍니다.

그림 4-14-7

조정에서 색조, 채도, 밝기를 눌러 줍니다. 프로크리에이트에서도 사진 이미지의 간단한 보정이
가능합니다.

그림 4-14-6

채도를 낮춰서 색을 빼 줍니다. 네온이 화려하게 표현되기 때문에 배경은 채도가 낮고 어둡게 표현해 줍니다.

그림 4-14-7

사진 레이어 위에 새로운 레이어를 생성해 줍니다.

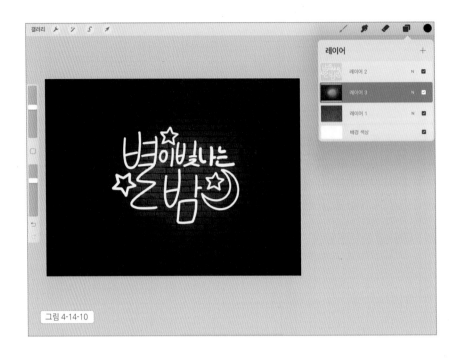

그림 4-14-10

에어브러시 중에서 미디엄 브러시를 선택한 다음 원을 살살 그리면서 가장자리가 어두워지게 칠해 줍니다.

그림 4-14-11

그림 4-14-12

글씨 레이어를 복제하고 복제한 레이어에 알파 채널 잠금 설정을 해 줍니다. 작업의 편의성을 위해 맨 위 글씨 레이어의 체크 박스는 잠시 체크를 해제해 줍니다.

그림 4-14-13

알파 채널 잠금을 설정한 후에 글씨에 원하는 색으로 색칠해 줍니다. 여러 가지 컬러의 사용이 가능합니다. 네온사인이기 때문에 파스텔톤 컬러보다는 원색, 형광색 등 채도가 높은 색을 사용해줘야 효과적입니다.

그림 4-14-14

컬러를 다 칠했다면 알파 채널 잠금을 다시 해제하고 맨 위에 있는 흰색 글씨 레이어의 체크 박스에 체크 표시해 줍니다.

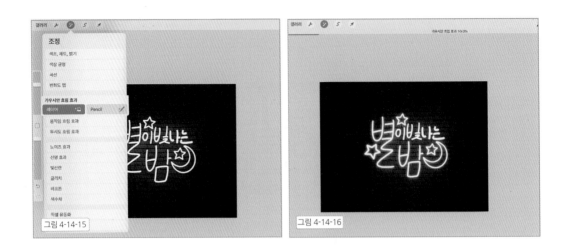

그림 4-14-15

그림 4-14-16

그림 4-14-14처럼 컬러 글씨 레이어가 활성화된 상태에서 조정 → 가우시안 흐림 효과를 설정해 줍니다. (가우시안 흐림 10%) 이렇게만 해도 살짝 네온의 느낌이 나고 있습니다.

그림 4-14-17

맨 위의 흰색 글씨 레이어에 N 버튼을 눌러서 블렌딩 모드를 오버레이로 설정하고 불투명도를 70%로 설정해 줍니다.

그림 4-14-18

맨 위에 새로운 레이어를 하나 생성해서 브러시 → 빛 → 라이트 브러시를 이용해서 글씨 가운데 흰색 라인을 그려 줍니다. 기존의 글씨 두께보다 얇게 설정해 줍니다.

라이트 펜으로 표현할 경우 시작과 끝부분 연결 부위를 조금씩 띄워서 그리면 더 사실적입니다.
브러시의 투명도도 70~80%로 설정하여 네온의 가장 밝은 부분을 표현합니다.

그림 4-14-19

라이트 펜 브러시를 이용한 가운데 라인 작업이 끝났습니다.

그림 4-14-20

그림 4-14-21

컬러 글씨 아래 새로운 레이어를 생성해 줍니다. 글씨보다 두꺼운 모노라인 브러시를 이용해서 글씨와 동일한 컬러로 똑같이 써 줍니다. 정교하게 쓰지 않아도 괜찮습니다. 어차피 빛이 반사하는 느낌을 주기 위함이라 선명하게 사용하지 않습니다.

그림 4-14-22

그림 4-14-23

가우시안 흐림 효과를 19~20% 정도로 설정해 줍니다.

그림 4-14-24

N 버튼을 눌러서 레이어의 불투명도를 30%로 설정해 줍니다.

그림 4-14-25

그림 4-14-26

흰색 글씨 레이어를 복제해 줍니다. 복제한 레이어를 컬러 레이어 아래로 이동시키고 알파 채널을
잠금 설정한 다음, 레이어를 검은색으로 채웁니다.

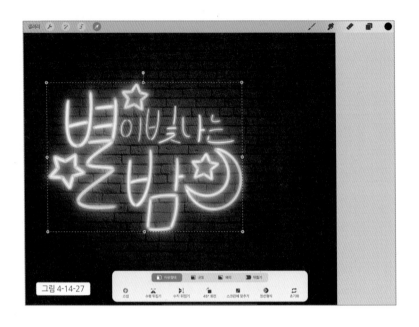

그림 4-14-27

검은색으로 바뀐 레이어에서 이동 툴을 눌러 줍니다. (화살표 모양)

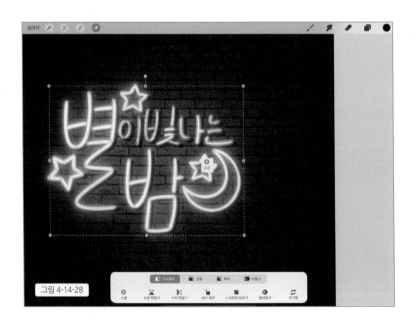

그림 4-14-28

오른쪽 하단으로 살짝 옮겨서 네온사인이 벽에서 튀어나와 있는 것처럼 보이도록 그림자를 만들어 줍니다.

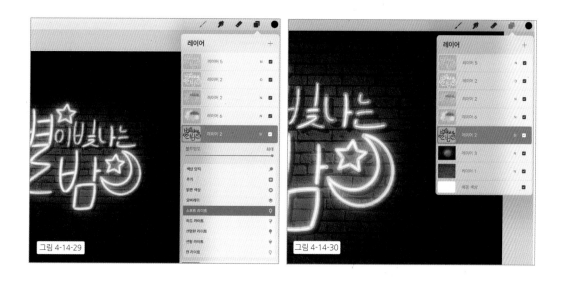

그림 4-14-29   그림 4-14-30

그림자 레이어의 블렌딩 모드를 소프트 라이트로 변경해서 자연스럽게 표현해 줍니다.

그림 4-14-31

전체적인 분위기에서 빛 번짐 효과를 줬던 컬러가 너무 튀어 보여서 불투명도를 13%로 줄였습니다. 이 단계는 개인의 취향에 따라서 생략 가능합니다

그림 4-14-32 완성

4-15. 애니메이션 효과를 이용한 움직이는 글씨 쓰기

그림 4-15-1

새로운 캔버스에서 스크린 크기를 열어 줍니다. 다양한 크기를 사용해도 되지만 캔버스 크기에 따라서 레이어 수가 제한되니 너무 큰 캔버스는 좋지 않습니다. 약식이지만 애니메이션이기 때문에 레이어 개수가 많이 필요합니다.

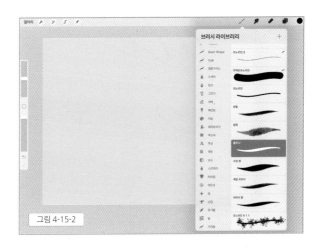

그림 4-15-2

배경 색상을 원하는 색으로 변경하고 브러시에서 서예 → 줄무늬를 선택해 줍니다. 필자는 배경 색상으로 노란색을 사용하였습니다.

그림 4-15-3

글씨를 써 줍니다. 글씨와 어울리는 간단한 일러스트를 그려 줘도 좋지만 아무래도 애니메이션은
레이어 개수를 많이 필요로 해서 처음엔 일러스트 없이 글씨만 사용해도 됩니다.

그림 4-15-4

동작에서 애니메이션 어시스트를 설정해 줍니다. 그럼 아래에 프레임 바가 생기는 것이 보입니
다. 체크 박스에 표시된 레이어들만 아래 프레임 바에 생성됩니다. 맨 아래 레이어부터 1번 프레
임이라고 생각해 주면 됩니다. (프레임은 왼쪽부터 1번 프레임입니다.)

그림 4-15-5

완성된 레이어를 지워 나가는 형식으로 진행할 것이므로 원본 레이어는 맨 위에 올려 두고 체크
박스를 해제해 줍니다. 원본 레이어를 복제해 빨간 선까지 지워 줍니다. 지우개에서 두꺼운 모노
라인 브러시를 이용해서 크기를 조절해 지워 나가면 쉽게 진행할 수 있습니다.

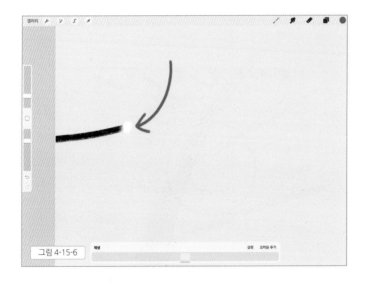

그림 4-15-6

마무리 부분은 라이트 펜을 이용해서 빛나는 것 같은 효과를 그려 빛이 글씨를 그리는 것 같은 효
과를 줍니다. 글씨의 두께와 비슷하게 그려 주는 게 좋습니다.

그림 4-15-7

프레임 바에서 설정을 눌러 보면 초당 프레임은 속도를 조절할 수 있습니다. 어니언 스킨 프레임은 앞의 프레임이 잔상처럼 남아 있는 것입니다. 작업 시에는 어니언 스킨 프레임은 최대로 설정해야 간격 등이 일정하게 작업되고 있는지 알 수 있습니다. 원하는 효과에 따라 어니언 스킨 프레임을 설정할 수도 있고 설정하지 않을 수도 있습니다. 양파 껍질 불투명도는 한글판의 오류라고 생각하면 됩니다. 어니언 스킨 프레임이 어느 정도로 보이게 되는지를 설정하는 것이기 때문에 불투명도 수치를 낮출수록 흐리게 보이고 높일수록 선명하게 보일 것입니다.

그림 4-15-8

어니언 스킨 프레임을 활성화하면 작업 중간중간 매끄럽게 진행되고 있는지 확인할 때 유용합니다. 어니언 스킨 프레임을 활성화하지 않는다면 흐릿하게 보이는 프레임은 보이지 않게 될 것입니다.

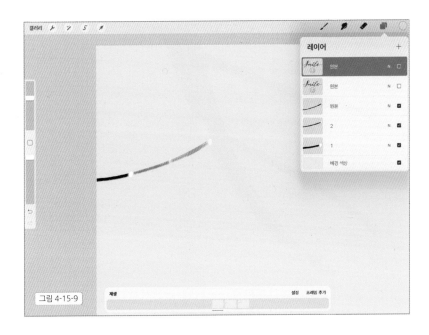

그림 4-15-9

원본 레이어를 복제해 필요한 부분만 두고 지워 나갑니다. 레이어마다 글씨의 진행 간격은 비슷한 간격으로 진행해 주면 자연스럽습니다. 너무 좁은 간격으로 진행할 시에 자연스러운 결과물을 얻을 수 있지만 레이어가 부족할 수 있습니다. 너무 넓은 간격으로 진행할 시에 진행하는 모습이 어색할 수 있습니다.

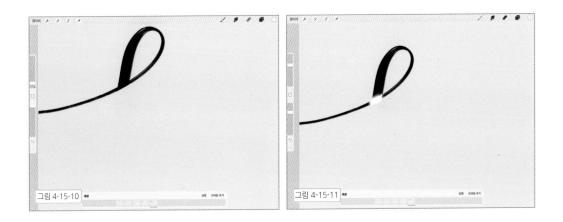

그림 4-15-10　그림 4-15-11

지우는 도중에 겹쳐지는 부분을 표현해야 할 때는 진행 방향에 맞춰서 빛을 추가해 주면 됩니다.

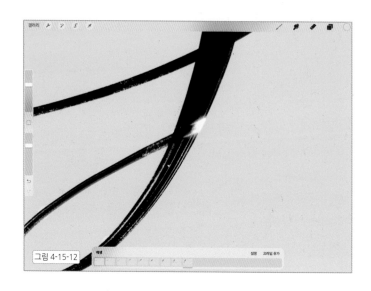

그림 4-15-12

겹쳐지는 부분은 진행 방향의 두께에 맞춰서 섬세하게 작업해 주도록 합니다.

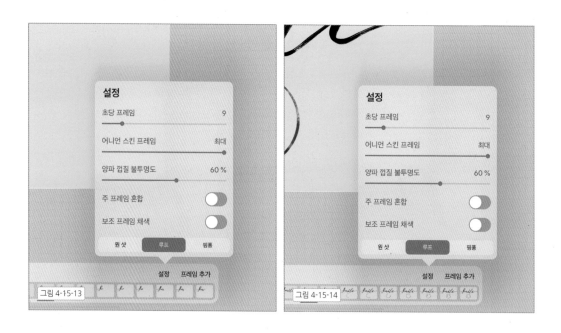

그림 4-15-13

그림 4-15-14

설정에서 초당 프레임과 어니언 스킨 프레임의 수치를 적절히 조절하면서 작업하면 조금 더 쉽게 작업할 수 있습니다.

1번 레이어(프레임)부터 나열해서 진행 과정을 전부 보여 주도록 하겠습니다.

그림 4-15-15

그림 4-15-16

그림 4-15-17

그림 4-15-18

그림 4-15-19

그림 4-15-20

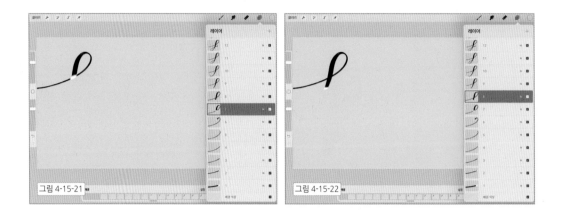

그림 4-15-21   그림 4-15-22

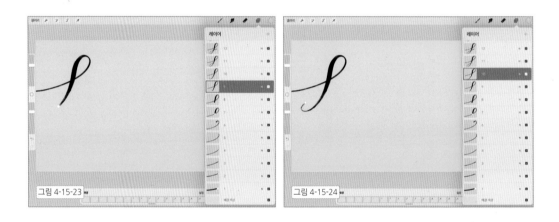

그림 4-15-23   그림 4-15-24

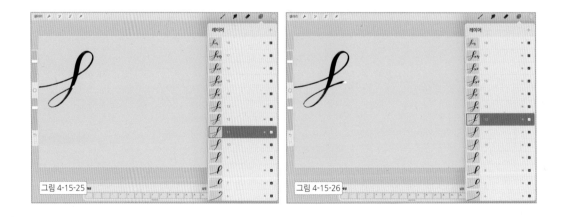

그림 4-15-25   그림 4-15-26

그림 4-15-27

그림 4-15-28

그림 4-15-29

그림 4-15-30

그림 4-15-31

그림 4-15-32

그림 4-15-33

그림 4-15-34

그림 4-15-35

그림 4-15-36

그림 4-15-37

그림 4-15-38

그림 4-15-39

그림 4-15-40

그림 4-15-41

그림 4-15-42

그림 4-15-43

그림 4-15-44

그림 4-15-45

그림 4-15-46

그림 4-15-47

그림 4-15-48

그림 4-15-49

그림 4-15-50

그림 4-15-51

그림 4-15-52

그림 4-15-53

그림 4-15-54

그림 4-15-55

그림 4-15-56

그림 4-15-57

그림 4-15-58

그림 4-15-59

그림 4-15-60

그림 4-15-61

안 그려진 곳 없이 끝까지 채워져 있다면 프레임이 완성된 것입니다.

그림 4-15-62

프레임 완성 후에 설정에서 초당 프레임 / 어니언 스킨 프레임 등 원하는 설정으로 바꿔 줍니다.

그림 4-15-63

완성된 움직이는 애니메이션 파일을 저장할 땐 동작 → 공유 → 레이어 공유에서 움직이는 파일 중에 선택해 줍니다. 필자는 동영상 MP4 혹은 움직이는 GIF를 많이 사용합니다.

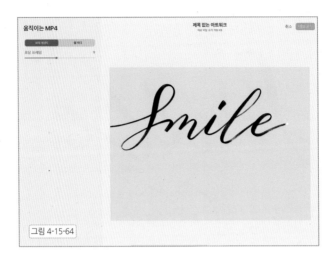

그림 4-15-64

완성된 움직이는 애니메이션 파일을 저장할 때 마지막 설정에서 초당 프레임을 한 번 더 설정할 수
있습니다. 이렇게 완성된 동영상은 사진 메뉴로 들어가면 완성된 동영상 파일로 볼 수 있습니다.

그림 4-15-65 완성

4.16. 나의 작품을 지키는 법(캔버스 정보)

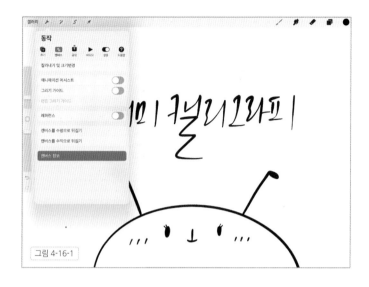

그림 4-16-1

캔버스 → 캔버스 정보로 들어가면 나의 작품에 이름을 입력하거나 서명하여 보호할 수 있습니다.

그림 4-16-2

프로필 사진 변경/이름 변경/사인/생성일/수정일 등을 설정할 수 있습니다. 이렇게 수정된 내용은
다른 사람의 프로크리에이트로 파일이 옮겨지더라도 정보가 저장되어 있어 창작물을 지킬 수 있
습니다.

찾아보기

은개미의 아이패드로 누구나 쉽게 시작하는 캘리그래피

프로크리에이트로 감각 있는 디지털 손글씨 쓰기

초판 1쇄 발행 ｜ 2020년 10월 30일

지은이 ｜ 신은경
펴낸이 ｜ 김범준
기획/책임편집 ｜ 이동원
교정교열 ｜ 이혜원
표지/편집 디자인 ｜ 이승미

발행처 ｜ 비제이퍼블릭
출판신고 ｜ 2009년 05월 01일 제00-2009-38호
주소 ｜ 서울시 중구 청계천로 100 시그니처타워 서관 10층 1011호
주문/문의 ｜ 02-739-0739   **팩스** ｜ 02-6442-0739
홈페이지 ｜ https://bjpublic.co.kr   **이메일** ｜ bjpublic@bjpublic.co.kr

가격 ｜ 22,000원
ISBN ｜ 979-11-6592-024-1
한국어판 ⓒ 2020 비제이퍼블릭

실습 자료 다운로드 ｜ https://github.com/bjpublic/calli